GOLDMANN

D1671494

Friedrich Weinreb, 1910 in Limberg geboren, ist einer der letzten großen überlebenden Lehrer der jüdischen chassidischen Tradition. Obwohl seit 1965 mehr als 25 Bücher von ihm in deutscher Sprache erschienen sind, wird sein Werk erst jetzt von einem größeren Leserkreis entdeckt. In seiner Wahlheimat Holland ist Weinreb seit seiner Zeit im Widerstand gegen die Nazi-Okkupation ein prominenter Vertreter des Kulturlebens. Sein Buch »Kollaboration und Widerstand« gehört dort zu den Schlüsselwerken der Auseinandersetzung mit der Nazizeit. Über sein Leben wurde auch in einer ZDF-Produktion berichtet, dem Fernsehspielfilm: »Eigentlich hatte ich Angst. Ein Mann überlistet den Hitler-Terror.« Trotz seines umfangreichen, mystischen literarischen Werkes ist Weinreb Wissenschaftler geblieben. 1936 wurde er in den Niederlanden zum jüngsten Ordinarius für Volkswirtschaft und Statistik berufen. Nach dem Krieg lehrte Weinreb auch im Ausland, in Indonesien und in der Türkei, war beim Internationalen Arbeitsamt in Genf als Experte für Indien und bei der UNO, Ökonomischen Kommission für Europa, ebenfalls in Genf, tätig. Doch in seinen Vorträgen und vielen seiner Bücher nimmt er gegen den westlichen Intellektualismus Stellung und konfrontiert uns mit den Wahrheiten seines Welterlebens jenseits der empirischen Rationalität. Er entlarvt unseren Machtwahn und zeigt, daß wir weit davon entfernt sind, die Natur zu beherrschen, da wir nicht einmal gelernt haben, uns selbst zu beherrschen.

FRIEDRICH WEINREB

TRAUMLEBEN

Die Deutung des Traumes
aus der Offenbarung
des Alten Testaments

Band 1

Die Bibel als geträumtes Welt-Bild –
Der Tag als Spiegelbild der Nacht

Made in Germany · 11/87 · 1. Auflage
Dieses Werk ist eine vom Autor zum Druck freigegebene schriftliche
Ausarbeitung seiner in den Jahren 1973/1974 in Zürich gehaltenen
Vorträge zum Thema »Leben als Traum und Wachsein« sowie seiner
1978/1979 in Basel gehaltenen Vorträge zum Thema »Traumdeutung«.
Die Textfassung und Redaktion besorgte Christian Schneider.
Lizenzausgabe mit freundlicher Genehmigung der Thauros Verlag GmbH,
Weiler im Allgäu.
© 1979–1981 Thauros Verlag GmbH
Umschlaggestaltung: Elisabeth Petersen
Druck: Presse-Druck Augsburg
Verlagsnummer: 12019
Lektorat: Michael Görden
Herstellung: Ludwig Weidenbeck
ISBN 3-442-12019-5

DANK

Allen, welche die Herausgabe des »Traumlebens« möglich machen und fördern — auch denen, die es unwissentlich tun —, sei an dieser Stelle herzlich gedankt.

Namentlich danke ich
Friedrich Weinreb, der mir die Arbeit zur Freude macht,

Margrit Tellenbach, die den Stein ins Rollen brachte sowie durch ihr Weinreb Tonarchiv und das Abschreiben der Cassetten die Grundlagen liefert,

und Petra Koellreutter, die durch Korrekturlesen, hilfreichen Ratschlag und tätige Teilnahme die Arbeit sehr erleichtert.

Der Verleger

Der hier unter dem Titel »Traumleben« publizierte Text entspricht einer Vortragsreihe, die Friedrich Weinreb in den Jahren 1973/74 in Zürich gehalten hat; mit dem Ausdruck »Vortrag« ist seine Sprechweise allerdings sehr unzulänglich umschrieben.

In der Regel stützt sich ein Redner — vor allem, wenn ein Kurs wöchentlich stattfindet und sich über ein Jahr hinzieht — auf eine schriftlich fixierte Konzeption oder folgt wenigstens einem zuvor festgelegten Schema.

Ganz anders Friedrich Weinreb, der sein Sprechen ein »Es spricht sich« nennt. Er benutzt keinerlei schriftliche Anhaltspunkte, sondern läßt sich von spontaner Eingebung leiten. Er praktiziert, was als Ideal gilt: die freie Rede.

Das klingt dem wissenschaftlich geprägten Menschen unserer Zeit ungewohnt, möglicherweise sogar verdächtig. Lernt man nicht auf Schulen und Universitäten, ein Thema mit großer Verstandes-

arbeit erst zu zerlegen, um es dann möglichst spannungsreich vor dem Zuhörer wieder aufzubauen? Ist es nicht gerade das kritische Publikum, das ein Redner sich wünscht, weil es imstande ist, seine Zerlegungskunst durch entsprechende Zerlegungs-Fähigkeiten recht zu würdigen?

So ist die heute übliche Rede nicht frei, sondern einem Gegenstand verhaftet. Meist — vor allem, wenn wissenschaftlich — ist sie auch trocken, da sie ihre Dynamik aus Trennung, Teilung und Differenzierung bezieht. Es geht nicht um Redner und Zuhörer als Menschen, sondern um den Gegenstand, der auch folgerichtig von allem menschlich Persönlichem entkernt präsentiert wird.

Demgegenüber gründet Weinrebs freie Rede in der ungeteilten Gegenwart des ganzen Menschen. Dieses Sprechen bezieht seine Dynamik aus der Sehnsucht, alles miteinzubeziehen. So dem Ein-fall geöffnet, kommt Mitteilung zustande. Der Sprechende bleibt seinem Sprechen ganz mitgegeben; eigentlich spricht sein Leben selbst. Ist der Zuhörer zum Er-lebnis fähig? — das ist hier die entscheidende Frage ans Publikum.

Läßt sich ein spontaner Erlebnis-Zusammenhang zwischen dem Redner und einer überschaubaren, vertrauten Zuhörerschar schriftlich darstellen? Wo bleibt die Stimme, die mit ihren reichen Instrumentierungsmöglichkeiten so vieles noch mit- und weiterträgt, was die stumme Festlegung des Satzes verliert? Wo bleibt der lebendige Wechselbezug zwischen dem Mund, der spricht, und dem Ohr, das zuhört?

Das sind Fragen, die nur im Erleben des Lesers ihre Antworten finden können; vielleicht fügt der Leser dadurch dem ursprünglichen Erlebnis-Zusammenhang eine neue Dimension hinzu und erweitert ihn damit entscheidend.

Die schriftliche Ausarbeitung der Vorträge kommt einer Art Übersetzungstätigkeit gleich. Es ist ein Über-setzen vom Akustischen ins Leseoptische. Dabei geht vieles verloren; es kommt aber auch vieles hervor, das sonst im Akustischen verborgen bleibt. Während der Arbeit wächst das Erstaunen und die Freude an der dichten, immer neu überraschenden und »flüssigen« Struktur der vom Ein-fall lebenden Rede.

Anfangs war die Versuchung stark, bei der Bearbeitung ordnende Übersicht walten zu lassen; sehr bald aber erwies sich die Orientierung am Rhythmus der Einfälle, »Abschweifungen«, Zwischen-fälle und zusätzlichen Bemerkungen als schöpferische Herausforderung.

Im Bild des Über-setzens spricht Friedrich Weinreb oft von dem, was seine Lebensaufgabe geworden ist: Das Erzählen und Mitteilen aus dem reichen Schatz der jüdischen Überlieferung. In ihrem schriftlichen Teil zwar zugänglich, bleibt sie dennoch für den, der den Schlüssel nicht kennt, unverständlich. Sie bedarf — wie jede Überlieferung — des Lehrers, der sie dem Schüler entsprechend der Lebenssituation Zug um Zug erschließt, über-setzt sozusagen.

Die Situation des heutigen Menschen ist — nach Weinreb — dadurch gekennzeichnet, daß der Herrschaftsanspruch der Wissenschaft die Weisheit fast gänzlich verschüttet hat, jene Weisheit — auch »altes Wissen« genannt —, die im Menschen, in jedem Menschen, tief verborgen lebt.

Mit den Methoden wissenschaftlicher Textkritik wird man das »alte Wissen« nie finden. Daher führt ein Verstehenwollen von Friedrich Weinrebs Mitteilungen ohne Erleben zwangsläufig zum Mißverständnis. Das Erleben aber könnte zu wirklichem Verstehen führen und das »alte Wissen« — was die Archäologie nie kann — wieder freischaufeln: im Menschen selbst.

So könnte das »Traumleben« den Leser zum wahren Autor machen. Ein solcher Leser wäre nicht passiv, sondern selbst schöpferisch. Er erlebte sein Traumleben.

Buchberg am Kaiser
im Januar 1979   Christian Schneider

Inhalt

Einen Traum kann man nicht bauen, ein Traum baut sich. Er entzieht sich unserem Willen. Er kommt uns oder er kommt eben nicht. Der Traum hat sein eigenes Reich, und dieses Reich herrscht, wo die Möglichkeit einer Willensherrschaft ausgeschaltet ist. In der Nacht schläft das Wollen, und wenn es nicht schläft, schlafen auch wir nicht. Während des Tages kann man wegträumen, wenn das Wollen einschläft. Es schläft dann nicht ganz ein; es läßt sich auf den Wellen des Tagtraumes mittragen und freut sich, wieviel dann möglich ist. Unser bewußtes Wollen liefert sich einer strengen Kausalität aus. Es verlangt Opfer und läßt den Menschen unter dem stetigen Druck der unentrinnbaren Alternative leben. Es hat seine Aktivität in der Welt des Erscheinenden, im Materiellen.

Das Reich des Traumes gehört dem Unbewußten. Wir wollen immer gern das Unbewußte mit den Maßstäben des Bewußten messen. Um es, wie man dann sagt, zu verstehen. Kann man aber etwas, das sich nicht bauen läßt, mit dem Verstand, mit dem Denken verstehen? Man kann es erleben, sofern das Unbewußte noch nicht so weit verschüttet ist, daß es nicht mehr lebt. Man kann es nicht verstehen *wollen;* das wäre, als wolle man in jenem Bereich etwas bauen. Das Reich des Unbewußten ist sehr weit, Grenzen im Sinne des Meßbaren gibt es dort nicht. Dort lebt nicht nur die Erinnerung aus dem eigenen Leben, dort befindet sich das Erlebnis der Welt und der Welten in allen möglichen Zeiten und an allen möglichen Orten. Es ist der eigentliche Bereich des Menschlichen. Dort wirken Geist und Seele. Von dort her wird unser Leben gesteuert. Der Traum ist in diesem Reich zuhause.

Man sagt im alten Wissen, dort sei die Realität, und alles, was wir im Bewußten, im Zeiträumlichen erleben, sei wie das Spiegelbild dieser Realität. Wir seien, sagt man dort, wie die Spiegelung eines Baumes im Wasser des Flusses. Sogar der Fluß, das Fließen der Zeit, ist realer als unsere Existenz hier. Man kann von hier aus dem Baum am Ufer des Flusses nichts anhaben.

Das Reich des Unbewußten gehört zum Menschen. Wie der Traum von dort her in die Erinnerung im Bewußten hineintritt, so kommt alles, was wir tun, unser ganzes Verhalten, von dort her. Das ganze Leben im Wachsein ist gelebter Traum. Ob wir uns an Träume erinnern oder nicht, im Leben des Alltags spiegelt sich unser Leben in Geist und Seele, unser ganzes Leben im Unbewußten. Dort können wir wie die Kinder sein. Nur dort sind wir frei von dem Zwang des Kausalen, des Entweder-Oder. Wir sind dort wie die Fische nach dem Fischfang. Denn die Fische im Wasser bewegen sich eigentlich im Spiegel, und die Realität ist doch außerhalb des Spiegels.

Der Spiegel, wie das Wasser, ist kühl. Es fehlt dort die Dimension des Nicht-konstruierbaren. Es fehlt dort die Dimension der Wärme, der Liebe. Und diese Liebe, dieses Bedürfnis, empfangen und schenken zu können, dieses Sich-sehnen nach emotionalen Beziehungen, das ist das Gebiet, wo Unbewußtes im Bewußten sich manifestiert. Liebe gehört zum Träumen.

Die Sehnsucht nach Beziehungen kennt nicht die Grenzen des Kausalen. Sie durchbricht alle Grenzen, weil das Unbewußte, weil Geist und Seele grenzenlos sind. Liebe erlöst mit ihrer Wärme die Welt des Bewußten, des Meß- und Zählbaren. Sie bezieht sich auf alles. Das sonst kalte Rationale wird erwärmt, strahlt zurück, zeigt den verborgenen Funken des Göttlichen.

So entstehen Beziehungen zu allem in der Welt. Das sind die Bausteine, die herangetragen werden, den Tempel, die Wohnung Gottes zu bauen. Im Hebräischen liest man das Wort »mass«, übersetzt mit »Fron« oder »Tribut«, das in 1. Könige 5, 27-32 im Zusammenhang mit den Vorbereitun-

gen zum Tempelbau steht, auch als »ein Ziehen«.
So hat z. B. das Ziehen durch die Wüste aus der
Knechtschaft zur Freude der Freiheit, hebräisch
»massa«, als Stamm das gleiche Wort »mass«. Aus
dem Ziehen der Sehnsucht kommen die Bausteine.
Die Bausteine für jedes Leben, für alles Erlebte
und Begegnete. Man kann sie nicht behauen, man
kann sie nur aus der Sehnsucht herbeibringen.
Dann kommt das große Geheimnis: Diese Bausteine fügen sich selbst zusammen, und auf diese
Weise, *nur* auf diese Weise entsteht die Wohnung
Gottes. Kein Laut von Hammer, Meißel oder eines
anderen Werkzeuges wurde gehört, als »das Haus
sich baute« (1. Könige 6, 7). Das alte Wissen erzählt von traumhaften Wundern, die mitwirkten,
um das himmlische Haus im irdischen Leben zu
errichten.

Bringt unser Leben diese Bausteine herbei? Wenn
man sich sehnt, wenn man tagträumt, wenn man
alles aus dem Leben der Welt, auch aus fernsten
Zeiten und Ländern, herbeibringt — das wären
diese Bausteine. Das wäre ein Ziehen, eine Sehnsucht nach dem Gelobten Land, nach dem Paradies, wovon wir wissen, daß nur das der Sinn des
Lebens sein könnte, wenn es überhaupt einen Sinn
gibt. Nur durch die lebendige Beziehung zu allem,
durch die menschliche Wärme kommt das Material
herbei. Nicht durch intellektuelle Kühle.

Wenn das Material da ist, baut sich schon das

Haus. Das gilt für alles, wo sich Bewußtes mit Unbewußtem trifft. Man träumt, was die Bausteine aus dem Ziehen, aus den Beziehungen, herbeigebracht haben. Die Fron, das ist das Leben im Zeiträumlichen, im Alltag. Wie Lastträger bringen wir das Material, das im Unbewußten unsere Träume baut, das aber dort auch alles andere für das Leben des Menschen zubereitet. Salomo, der »vom Frieden«, der »Vollkommene«, steht da, und durch ihn kommt die Wohnung Gottes, auch im Menschen, zustande. Es ist der Sohn Davids, der den Tribut aus dem Leben des Alltags empfängt und über das Wunder des Sich-selber-Bauens der Wohnung Gottes herrscht.

Wie der Traum sich baut, so baut sich auch das Leben. Man kann weder Traum noch Leben mit dem kühlen Verstand analysieren und dann verstehen. Ohne die Beziehung zu allem in der Welt, ohne die Sehnsucht, die alles zu einer überwältigenden Einheit erfahren möchte, kann man nicht verstehen. Das Reich dieser Welt kommt durch das Reich des Himmels. Das Bewußte hat nur einen Sinn, wenn es aus dem Unbewußten zustande kommt. Sonst hängt es in der Luft, dreht sich im Kreise, verliert sich in Sackgassen, stirbt in Langeweile.

Ich mag das Bewußte, bewundere den genialen Verstand, liebe die gescheite Einsicht. Aber nur, wenn sie aus der Wärme des Menschen, aus seiner

Sehnsucht kommen, wenn sie wie geträumt, märchenhaft, herbeieilen. Nur dann hat das Bewußte Bestand, nur dann ist Wissenschaft zuverlässig, sinnvoll. Und es braucht Wissenschaft, es braucht Gescheites, Geniales. Welcher Baum aber gibt die Früchte? Ist es der Baum des Wissens von Gut und Böse, der Baum mit der verbotenen Frucht, oder ist es der Baum des Lebens? An den Früchten erkennt man den Baum.

Meine Bücher entstanden aus den Bausteinen, die mein Leben herbeigebracht hat. Meine Sehnsucht rief sie heran, die Fron im Zeiträumlichen trug sie herbei. Die Sehnsucht machte mir die Fron zur Freude. Ob ich die Zeitung lese oder wissenschaftliche Handbücher, ob ich Leuten im Kaffeehaus begegne oder ob ich lehre — es gehört alles zu den Beziehungen. Ich glaube nicht, daß etwas im Prinzip außerhalb bleibt. In gleichem Sinne studierte, las und erlebte ich während Jahrzehnten, seit meiner Jugend schon, Werke, worin das alte Wissen vom Judentum, unermeßliche Weisheit fassend, durch die Zeiten zu uns kam. Immer mehr wurden sie mir zum ergreifendsten Erlebnis; die Welt revolutionierte sich in beschleunigtem Maße. Zusammen mit Werken der Philosophie, der Mythologie, Ethnologie, Psychologie, der Mathematik und der Anthropologie erwirkten sie eine reiche Beziehungswelt. Man könnte sagen, durch diese im Leben herbeigetragenen Bausteine entstand meine Seite im Unbewußten, woraus dann alles sich in Worten und Begriffen im Bewußten äußern konnte. Meine Annäherung zum Leben ist deshalb eine völlig andere als die der meisten Wissenschaftler.

Dieses Buch hier habe ich — abgesehen von diesem Vorwort — nicht geschrieben. Ich habe es direkt erzählt. Und da ich ohne persönliche Beziehung zum Zuhörer kaum erzählen kann, entstand das Erzählen vom Traumleben in einer und aus einer Erzähler-Zuhörer-Gemeinschaft. Oft bezieht es sich auf Gespräche, die ich vorher mit dem oder jenem Schüler hatte. Es geht manchmal auf Geschehnisse oder Mitteilungen in jener Zeit ein. Schon deshalb hat es einen vollkommen anderen Charakter als welches Buch auch über Träume. Vielleicht aber steht es dadurch dem Traumleben viel näher, weil das Erzählen den Traumerfahrungen viel mehr gleicht. Traumerfahrungen, zum Leben gekommen durch die Vielfältigkeit der Bausteine, durch die intensive Freude am Leben und an der Welt. Weil die Erfahrungen durch diese Bausteine im Unbewußten sich bauen konnten, brachten sie den Bausteinen in der zeiträumlichen Welt ein neues Licht, ein Licht, das ohne den Weg über das Unbewußte, über Geist und Seele, niemals hätte strahlen können. So sind die Mitteilungen dieses Erzählens, weil Bausteine dieser Welt gebraucht wurden, auch wissenschaftlich relevant.

Ich glaube aber, sie sind mehr, weil sie von der anderen Seite jetzt zurückgestrahlt werden.

Vielleicht wäre es ein Weg der Zukunft, in den Erlebnissen der wissenschaftlichen Untersuchungen, des Studiums, des Denkens und Experimentierens mehr zu träumen. Dieses Träumen aber nicht wahllos über sich kommen zu lassen, sondern zu bedenken, daß der Ausgangspunkt des wahren Träumens die Sehnsucht nach Beziehungen zu allen und allem in der Welt ist. Und daß diese Beziehungen eine tiefe menschliche Wärme brauchen, daß also Liebe zum Leben und zur Welt grundlegend ist. Auf Liebe ist die Welt gebaut, heißt es. Das will sagen, daß auch Wissenschaft und Liebe gebaut ist, will sie wahre Wissenschaft sein, und daß dasselbe auch für das Träumen gilt.

Ob das Erzählen auf meine Art sich dafür eignet, in Buchform zu erscheinen, wird sich zeigen. Vielleicht breitet sich der Geist der Gemeinschaft von Zuhörern und Erzähler aus auf eine Gemeinschaft von Lesern und zu Papier gebrachtem Erzähler. Es ist zu hoffen, daß die Qualität der Stimmung in einem vertrauten, intimen Raum sich auf Tausende von Lesern ausdehnen kann. Vielleicht erlaubt die Phantasie dem Leser, sich im Geiste als Teilnehmer miteinzuleben. Das wäre dann ein Traumleben im Traumleben.

Zürich, 20. Januar 1979   *F. Weinreb*

ERSTES KAPITEL

SCHLAFEN UND WACHSEIN · TRAUM UND
TRÄUMEN · MYTHEN UND PHANTASIE · DIE SCHLANGE · DIE
PFERDE · DAS WASSER

Ich möchte Ihnen etwas vom Träumen und seiner Gegenseite, dem Wachsein, erzählen. Dabei versuche ich, vom Träumen nur das mitzuteilen, was in alten Quellen überliefert ist, aber noch niemals in eine moderne Denkart, in eine heute verständliche Ausdrucksweise übertragen wurde.

Wenn wir uns fragen, wo im Leben im allgemeinen geträumt wird, so könnten wir als erstes sagen: im Schlaf. Woher die deutschen Wörter »Schlaf« und »schlafen« kommen und was sie bedeuten, weiß ich nicht genau. Ich versuche aber immer, mir diese Wörter und Begriffe in einer — wie ich sie nenne — Ursprache vor Augen zu stellen, nämlich dem Hebräischen. Dadurch sehen wir etwas klarer, die Erkenntnis kommt uns näher, weil wir dann in eine ganz andere Denkart hineinkommen. Sprache läßt zu gleicher Zeit denken, wenn wir wissen, was wir sagen.

Das Wort »schlafen« ist in der hebräischen Sprache ein ganz merkwürdiges Wort. Es enthält nämlich den Begriff des Doppelten, das Wiederholen, das Sich-ändern, also: eine Situation *und* eine andere. So sagt es etwas von diesem Zustand, das im deutschen Wort »schlafen« überhaupt nicht zum Ausdruck kommt. Wenn »schlafen« gewöhnlich gebraucht wird im Sinn von »ausgeschaltet von unserem Bewußtsein«, so sagt das Wort »Schlaf« in der Ursprache im Gegenteil: Doppelt, und: Es wiederholt sich etwas, es ändert sich etwas, es ist eine Bewegung da. Ich habe über das Wort »schlafen« schon einmal in der »Rolle Esther« geschrieben; im Zusammenhang mit der Rose, der Schoschana, habe ich auf den Begriff Schlaf hingewiesen und das Sich-ändern.

Wir sehen an diesem Wort, daß die Schlafwelt eine ganz wichtige Welt ist, vielleicht sogar wichtiger als die Welt des Wachens. In der Schlafwelt geschieht es, daß zwei Dinge irgendwie zusammen sind; eines ist schon da, und das andere kommt auch: es wiederholt sich. Was wiederholt sich?

Manche Menschen glauben, was wir während des Tages erleben, wiederholt sich im Schlaf. Wir müssen prüfen, ob das in der Sprache auch so enthalten ist. Die Sprache sagt ja die Dinge, wie sie sind ohne unser Zutun. Wir *machen* nicht Sprache, sondern Sprache entsteht bei uns; wir wissen nicht, woher sie kommt. Wenn wir also in der Sprache etwas sagen, müssen wir uns fragen: Woher kommt es, daß wir es auf diese Art ausdrücken?

Wie sieht es nun mit dem Wachsein aus? Im Hebräischen hängt dieses Wort mit dem Wort »Haut« zusammen. Die Haut begrenzt uns, schränkt uns ein, legt uns fest auf den Ort und den Moment, wo wir sind. Die Haut macht aus uns ein zeiträumliches Wesen. Das Wachsein hat also mit der Haut zu tun. Wir glauben immer, nur wenn wir wach sind, sind wir bei vollem Bewußtsein und ganz gescheit, während wir uns im Schlaf für ganz dumm und bewußtlos halten.

Vom Menschen wird gesagt, er habe wie ein Widerspruch zwei Seiten in sich. Von der einen Seite sagt man, daß sie jenseits der Spaltung ist, jenseits dessen, was auf das Zeiträumliche festlegt. Man könnte diese Seite eine zweite Wirklichkeit nennen, eine andere Dimension. Dort, sagt man, ist der Mensch umhüllt von dem, was man »or« nennt, »Licht«. Man meint nun nicht, daß er Licht um sich herum hat, wie *wir* Licht sehen, sondern es bedeutet: In diesem Zustand kann er durch Zeit und Raum hindurchleben. Er ist weder festgenagelt an einen bestimmten Moment noch an einen bestimmten Ort. Er kann sich frei durch alles hindurchbewegen; es gibt keine Schranken. Dennoch bleibt er immer er selbst. Er ist immer diese Person, dieses »Ich«, könnte man sogar sagen. Er ist zu gleicher Zeit hier und dort und lebt beide Situationen in einem. Es ist nicht notwendig, daß er die eine aufgibt, um die andere zu erleben —

und nicht nur *eine,* sondern viele andere gleichzeitig.

Auch Zeit, so wird in den alten Mitteilungen erzählt, ist unwichtig dort, spielt gar keine Rolle. Im Sekundenbruchteil kann da Zeit plötzlich um tausend Jahre zurückgehen oder tausend Jahre weiter — ohne Schwierigkeiten geht das. All dies will sagen: Der Mensch ist nicht abhängig von Grenzen. Er kann sich begrenzen, wenn er will, und kann auch völlig unbegrenzt sein — je nachdem. Man sagt deshalb, wenn die Umhüllung von Licht um ihn herum ist, dann ist er dem Gesetz von Ursache und Wirkung, der Kausalität, nicht unterworfen. Er ist akausal, ist frei.

Das ist es, was man das »Kleid des Menschen im Licht« nennt. Man kann es nicht darstellen. Es ist ein Erlebnis, das kein Bild hat. Das ist die eine Seite im Menschen.

Die andere Seite wird immer mit dem identifiziert, wovon man sagt: Er nimmt von der Frucht, vom Baum der Erkenntnis. Es bedeutet nicht, daß er ein böser Mensch ist; es bedeutet: Das ist in ihm, daß er das tue. Das Nehmen vom Baum der Erkenntnis gehört zum Bauplan der Welt. Er *muß* nehmen — das ist die Welt. Er ist dann nicht schlechter als vorher. Es ist seine Bestimmung, daß er das tut, denn mit dem Nehmen vom Baum der Erkenntnis, wird gesagt, fängt für den Menschen der Weg an, die Bewegung. Er fängt an, sich zu entwickeln, er wächst. Wenn der Weg anfängt, spricht man von der Seite des Lebens, wo das Werden ist.

Beim Werden kommt Phase nach Phase. Keine Phase verharrt, denn es ist wie ein Strom, der fließt und nicht erstarren kann. Er fließt immer, kein Teil einer Sekunde bleibt, alles geht weiter. Das bedeutet: Jeder Moment ist nur für sich da, und alles andere ist ihm fremd. Der Moment »Jetzt« kann sagen: Der vergangene Moment ist mir fremd und der zukünftige Moment ist mir fremd. Der Moment »Jetzt« grenzt sich ab von Vergangenheit und Zukunft.

Wenn der Mensch so ist, sagt man, kommt ihm wiederum »or« — genauso ausgesprochen wie das Wort für Licht, aber anders geschrieben, und dann heißt es »Haut«. Es kommt also das, was ihn begrenzt, einschränkt, auch einengt. Mit dieser Enge kommt dann auch die Angst. Er wird ängstlich, weil er begrenzt ist. Er hat Angst vor der Vergangenheit, sie bedrückt ihn, läuft ihm nach. Er hat Angst vor der Zukunft, er weiß nicht, was sie bringen wird. Er hat Angst vor seinem Nächsten, er weiß nicht, was er von ihm denkt. Er bekommt Beziehungswahn oder Verfolgungswahn, alle Arten von Wahn. Jeder Mensch bekommt das. Manche halten es für normal, andere nennen es abnormal. Wo ist die Norm?

Die Haut jedenfalls begrenzt ihn und bringt

ihm Angst, Enge. Nun ist es merkwürdig, daß im Hebräischen das Wort »Wachsein« aus derselben Wurzel, aus demselben Stamm kommt wie das Wort »Haut«. Wachsein heißt auch: Jetzt öffnen sich uns die Augen und dann sind wir tatsächlich beschränkt auf unser Gesichtsfeld und auf den Ort, wo wir jetzt eben stehen. ›Ich bin wach und bewußt‹ heißt soviel wie ›Ich stehe hier‹; zu sagen: ›Aber ich träume, ich stehe woanders‹, hieße eigentlich die Augen schließen, aufhören zu reden.

Das Wachsein bringt die Kausalität mit sich, die Welt, in der Ursache und Wirkung herrschen, also Beschränkung. Ich kann nicht etwas loslassen, ohne daß es, wenn es schwer ist, fällt. Auch wenn ich wünsche, daß es aufsteigt — nein, es fällt. Durch die Ursache, das Loslassen, fällt es. Das ist im Wachsein eine Selbstverständlichkeit.

Stellen wir uns nun Wachsein und Schlafen im Sinn der alten Mitteilungen vor, so sehen wir, daß das Erleben während des Tages ein anderes ist als das Erleben während der Nacht. Dennoch gehört beides zum Menschen. Es ist nicht ein Mensch, der wach ist, und ein anderer, der schläft; beides ist immer im Menschen da. Daher wird es im alten Wissen als selbstverständlich empfunden, daß man, wie wir heute sagen würden, phantasiert, einen Roman schreibt oder wie Dante die »Göttliche Komödie«. Es ist ja nicht so, daß Dante glauben machen will, er sei in der Hölle gewesen und hätte das so gesehen, wie er es da beschreibt. Er setzt natürlich voraus, daß jeder weiß, daß er das phantasiert, geträumt hat, sozusagen. Dennoch ist es Wahrheit, viel mehr Wahrheit, als wenn er gesagt hätte: Ich bin in die Hölle gefahren und habe mir das angesehen.

Viele Mitteilungen dieser Art werden im alten Wissen selbstverständlich akzeptiert. Es heißt dann, das habe der Mensch geträumt. Man meint nicht: im Schlaf geträumt, sondern: er war wach und hat es erlebt. Im Wachen kann der Mensch also träumen. So kann er auch im Schlaf Dinge und Vorgänge aus der Welt des Wachens erleben. Beides ist im Menschen da. Nur muß auch der Schlafzustand, hebräisch »schena«, beim Menschen sein, wodurch er beides erleben kann. Ist er nämlich *nur* wach, dann kann er nur die Kausalität erleben, die Welt der Gesetzmäßigkeiten, die Welt, in der Ursache und Wirkung herrschen. Dort sind Gesetze notwendig; und dort muß man den Gesetzen auch gehorchen. Man kann sich ihnen nicht entziehen. Das geht nicht.

Vielleicht sind diese beiden Seiten nun deutlich geworden: Das Wachsein mit »or« als Haut und das Schlafen mit »or« als Licht.

Im Traum kann der Mensch sich nach allen Seiten hin bewegen. Allerdings unterscheidet man Träume, die doch mehr dem Wachsein angehören, von Träumen, die der eigentlichen Welt des Schlafes entstammen. Gefragt wird immer: Wovon träumt er, was sind die Erscheinungen in seinem Traum? Haben sie mit seinem Wachzustand zu tun oder sind sie ganz anders? Davon wird später noch viel die Rede sein.

Ich möchte jetzt noch von den Wörtern »Traum« und »träumen« sprechen, die im Hebräischen in dem Wort »chalom« erscheinen. Bei diesem in vieler Hinsicht sehr merkwürdigen Begriff möchte ich etwas verweilen. Die Ursprache, das Hebräische, kennt — im Gegensatz zu allen späteren Sprachen — keinen Unterschied zwischen der Kausalität der Reihenfolge (der Sequenz) in der Entwicklung der Begriffe und derselben Entwicklung in dem, was man Proportionen (Verhältnisse) nennt (vgl. dazu ausführlich F. Weinreb, »Zahl, Zeichen, Wort«). Die Ursprache drückt die Entwicklung in exakter Form aus, so exakt, daß sie in Zahlen dargestellt werden kann. Die Reihenfolge ›Eins - zwei - drei - vier‹ ist logisch, so können wir Entwicklung darstellen. Bei ›Eins - fünf - drei - sieben - vier‹ dagegen sagen wir: Ich sehe da keine Logik, keine Entwicklung, was bedeutet das?

Die Zeichen, die Buchstaben der Ursprache also, die das Sprechen, Denken, Lesen, Verstehen und Hören ermöglichen und bewirken, haben auch einen Ausdruck im Quantitativen. Entsprechend kann man das Wort »chalom«, Traum, auch 8-30-6-40 schreiben; die Summe ergibt dann den äußeren Wert 84. Der sogenannte »volle Wert« dieses Wortes ergibt sich, wenn die äußeren Werte der Namen aller Laute von »chalom« addiert werden: 584. Ziehen wir nun vom vollen Wert den äußeren Wert ab, erhalten wir den »verborgenen Wert« des Begriffes, der in unserem Fall genau 500 ist. Das Wort für Traum hat also den verborgenen Wert 500.

Diese Zahl ist sehr merkwürdig. Die 500, so sagt die Überlieferung, ist jenseits aller Begriffe der erscheinenden Welt. Die Welt kann nur bis einschließlich 400 gemessen werden. 500 durchbricht das Hier; 500 ist dasjenige, was auch die Distanz zwischen Himmel und Erde genannt wird, also die Distanz zwischen den zwei einander widersprechenden Wirklichkeiten. 500 ist der Umfang des Baumes des Lebens. Man sagt dann auch, 500 ist all das, was hier nicht mehr zu erfassen ist.

Aus der Sprache selbst, ohne daß der Mensch etwas dazugetan hat, kommt die 500 als verborgener Wert des Begriffes »Traum«. Die Sprache selbst sagt also schon: Wenn du träumst, bist du in einer Welt, die du von hier aus nicht erfassen kannst. Und doch ist eine Verbindung da, denn — so wird gesagt — Himmel und Erde werden durch den Begriff 500 verbunden.

Für diese Welt und den ganzen Kosmos gilt als Maß die 400. Das Unendliche ist 400, also sozusagen noch zu messen. Die 500 aber ist ein Durchbruch durch das Meßbare, es kommt dann etwas ganz anderes. Die Sprache enthält das und sagt so: Wenn du träumst, dann gibt es keine Trennung mehr zwischen Himmel und Erde, zwischen deiner Wirklichkeit in der Umhüllung des Lichtes und deiner Wirklichkeit in der Umhüllung deiner Haut. Beide sind dann eins. Du bist dann in deiner Haut da und auch mit dem Himmel verbunden. Du mußt also gar nicht deine Haut verlassen, du erscheinst in dieser Haut, aber sie ist dann so hauchdünn und durchlässig, daß du ohne weiteres hin- und zurückgehst.

Ein Prophet wird oft ein Träumer genannt, einer, der Traumgesichte sieht. Man meint damit nicht, wie in der westlichen Leistungsgesellschaft in der Regel zu hören: ›Der leistet nichts, der träumt!‹ Träumer dort heißt: Er ist nicht gebunden an das Sein in der Haut, er hat die Verbindung 500. Er kann durchbrechen — die Haut hindert nicht — und erfüllt in der Umhüllung des Lichts die ganze Welt. Nicht im Sinn unserer Maßstäbe von Zeit und Raum, auch nicht im Unendlichen, sondern im Sinn des ganz Anderen, wo unsere Maßstäbe nicht mehr gelten.

Träumen geschieht, wie sich zeigt, im Schlaf oder wenn beim Menschen etwas stattfindet, das im Begriff »Schlaf« in der Ursprache als »doppelt« erscheint. Man könnte also sagen, daß der Mensch träumt, wenn er das »Doppelte« in sich erlebt, *beide* Wirklichkeiten (und dann nicht denkt: ›Jetzt bin ich nicht normal‹). Nicht normal ist er vielmehr eben dann, wenn er diese beiden Wirklichkeiten trennt! Wenn er glaubt, er lebe entweder so oder so, dann — sagt man — ist er krank. Er hat die Verbindung verloren.

Viele glauben, sie seien nur normal, wenn sie wach sind und aus wachem Bewußtsein denken, sprechen und handeln. Die Überlieferung aber sieht gerade darin das Nichtnormale. Wer so denkt, von dem heißt es, daß er als Mensch nicht funktionieren kann, denn er hat die andere Wirklichkeit bei sich getötet, erstickt, still gemacht. Er ist dann nur ein halber Mensch. In meinem Esther-Buch habe ich von diesem König Achaschwerosch erzählt, dem König der Meder und Perser, der nur ein König der *halben* Welt ist, nicht der ganzen. Von ihm wird auch gesagt, daß er der König des halben Menschen ist, nicht des ganzen.

Das gleiche aber gilt auch vom Mystiker, der sagt: ›Ich versenke mich nur in Mystik, alles andere ist mir nicht so wichtig.‹ Der ist auch nur ein halber Mensch, denn wozu ist dann »alles andere«, diese Welt und diese Wirklichkeit? Viele sagen auch: Das sind zwei Dinge, die man gut auseinanderhalten muß wie Geschäft und Privatleben, Alltag und Ferien. Manchmal komme ich in Meditation und bin dann sehr gesammelt und in einer höheren Welt; dann wieder mache ich gute Geschäfte, gönne

mir Luxus und bin auch sehr zufrieden dabei, nämlich wieder »normal«. — So aber geht es nicht, die
Einheit fehlt, es ist eine Trennung da. Eine stören-
de Unehrlichkeit, die so tut, als sei der Genuß der
»höheren Sphären« am Festtag, was im Alltag als
gelungener Geschäftsabschluß befriedigt.

Das Heilige und das In-der-Welt-sein ist aber
eins. Diese Einheit zeigt sich beim Menschen als
Schwingung einer Wellenbewegung; er geht mit
dem rechten und dann mit dem linken Bein — eine
Wellenbewegung. So gleichen Träumen und Wachsein, Freiheit im Licht und Enge in der Haut, dem
Wellenberg und dem Wellental, dem linken und
dem rechten Bein. *Beide* sind immer da, um den
Weg, die Bewegung möglich zu machen.

Wir neigen oft zu raschem Urteilen, z. B., daß
diese Zeit schlecht sei, weil zu wach, weil die Lei-
stung und das Materielle überbetont werde. Das
stimmt schon, aber es führt dann eben auch zu
ganz anderen Phänomenen, man erlebt die Dinge
ganz anders. Man muß sich hüten, zu sagen oder
zu denken, das sei nicht gut. So wie es ist, ist es
immer gut. Man kann das gar nicht beurteilen.

Es ist in unserer Gesellschaft »normal«, zwischen
Dichtung und Wahrheit zu unterscheiden. Ein Pro-
phet ist ein Träumer, Dante ein Phantast, eben
ein Dichter, während Wahrheit mit so etwas wie
Industrie und Volkswirtschaft gleichgesetzt wird.
Diese Trennung von Dichtung und Wahrheit spal-

tet den Menschen, macht ihn zum halben Menschen. Ein Mensch, der nicht mehr imstande ist, sich Dinge vorzustellen und zu erleben, die von der ganz anderen Wirklichkeit herkommen, aber auch derjenige, der das konkrete Leben des Wachseins mit seiner Enge nicht akzeptiert — jeder ist auf seine Art ein verkümmerter Mensch.

Jetzt verstehen Sie, daß das hebräische Wort »schena«, Schlaf, den Begriff des Doppelten enthält; es wird auch als Wurzel des Begriffes »schoschana« (Susanna) gesehen. »Schoschana« ist »Rose«, aber Rose ist hier als Grundbegriff der Blume überhaupt gemeint: die Blume an sich. Das Schöne an der Blume ist, daß sie nicht nur schöne Farben und Blätter hat, sondern auch einen Duft. Es ist also nicht nur das Aussehen, sondern auch das Unsichtbare — beide Welten sind da. Es heißt daher: Wenn du die Blume siehst als anziehende, verführerische Erscheinung und zugleich den herrlich betörenden Duft wahrnimmst, erlebst du beides in einem. Die »Rose«, die Blume, enthält das gleiche wie »Schlaf«: den Begriff des Doppelten.

Die Sprache, das ist wohl deutlich geworden, erzählt uns Geheimnisse, die niemals von Menschen oder Kommissionen erfunden oder beschlossen worden sein können. Sie kommt vielmehr aus dem Menschen hervor. Was aber von selbst aus dem Menschen kommt, ist Wahrheit. Es kommt eben aus seiner anderen Seite, wo es als Doppeltes steht.

Wenn der Mensch *denkt,* ist er einseitig, denn Denken, Erklären, Beweisen sollen kausal sein, und Kausalität ist einseitig. Ein Beweis ist daher immer etwas sehr Gefährliches, da man sehr oft und unvermutet Falsches beweist, jedenfalls Einseitiges.

Wir sollten uns von dem Zwang kausaler Erklärungen frei machen und sagen: Es ist so, ich empfinde, spüre es so, weil es eben nicht nur das Äußere gibt, sondern auch das Andere. So geschieht es ja auch automatisch, wenn wir einem Menschen begegnen. Wir sehen das Äußere und glauben, danach zu urteilen. Das machen wir uns aber nur vor; wir urteilen nämlich auch nach ganz anderen Dingen, spüren etwas, das gar nicht gesehen werden kann. Wir sagen aber: ›Der hat sympathisch gelächelt‹ — ›Die Farbe steht ihr so gut‹ — ›So geschmackvoll gekleidet‹, und glauben, *das* ist es, wollen es beweisen, während es doch gar nicht zu beweisen ist. Etwas ganz Anderes war da und wußte gleich: Hier ist Kontakt, der ist gut, oder: Hier kann ich mich nicht öffnen, ich ziehe mich zurück. Natürlich kann sich das von Tag zu Tag ändern; ein *festes* Gefühl gibt es nicht.

In den Traumerzählungen stoßen wir sehr oft auf mythologische Begriffe. Mythen sind Dichtung, aber auch Prophetie; sie kommen dem Traum sehr nahe. Stadtmenschen träumen manchmal von drachenähnlichen Ungeheuern, sehr häufig von

Schlangen. Schlangen kommen aber im alltäglichen Leben in Europa, in Städten gar, überhaupt nicht vor. Es zeigt sich hier wie in vielen ähnlichen Fällen, daß mythologische Wesen oder Typen im Menschen selbst da sind. C. G. Jung z. B. hat solche Typen ausführlich dargestellt.

Ich möchte mythologische Begriffe von einer ganz anderen Seite her darstellen und versuchen, aus den sehr alten Quellen neues Leben hervorströmen zu lassen. Die Traumbilder können uns dann Wichtiges mitteilen, vor allem auch in unserem Wachsein, wo doch das Doppelte auch da ist. Wir fragen uns dann vielleicht eher: Warum habe ich jetzt diese Phantasie?

Phantasie steht in der heutigen Zeit nicht sehr hoch im Kurs. Kinder sollen nicht phantasieren, sondern rechnen lernen. Im Hebräischen ist »rechnen« und »denken« das gleiche Wort: kausal funktionieren. Gewiß, man muß auch kausal funktionieren. Wird es aber überbetont oder gar ausschließlich gefordert, entsteht eine schreckliche Langeweile, weil alles gebunden wird. Kausalität ist ein Zwang. Die Menschen führen heute so viele Zwangshandlungen aus, weil sie so viel denken müssen. Denken Sie doch nur, woran Sie alles denken müssen, wenn Sie umziehen oder Ihre Steuererklärung ausfüllen oder Ihren Urlaub vorbereiten! So kommen Sie in Zwang, weil alles kausal ist, und es öffnet sich nichts im Leben nach einer anderen Seite. Dort ist vielleicht etwas ganz Reiches da. Wir aber haben oft sogar Angst vor der anderen Seite. Und wenn einer Phantasien und Vorstellungen hat, dann heißt es: Holt ihn zurück auf den Boden der Wirklichkeit, er soll nicht aus der Reihe tanzen, hoffentlich wird er bald wieder normal! Phantasie sei krankhaft, und man tut alles, damit er sie verliert. Wo ist Phantasie krankhaft und wo ist sie wahr und belebt? Was ist normal?

Im Hebräischen hat das Wort für Krankheit die gleiche Wurzel wie das Wort für normal, und das Wort für Gesundheit hat die gleiche Wurzel wie das Wort für Schöpfung und schöpferisch. Norm heißt: gebunden, Zwang. Der Norm muß man entsprechen. Schöpferisch heißt: Ich durchbreche ständig den Zustand, ich schöpfe, erschaffe Neues.

Wenn der Mensch also immer nur denkt und gut rechnet, dann ist er in einem krankhaften Zustand. Ist er schöpferisch, dann empfindet er keinen Zwang, fühlt sich gesund, ohne darauf bedacht zu sein. Eigentlich geht die Welt des Zwanges immer vor lauter Langeweile unter. Man denke nur an die zwanghaften Förmlichkeiten der Konversation und der Gesellschaftskleidung.

Der Mensch will auch im Wachsein gern frei sein, gern phantasieren, gern träumen — viel mehr, als wir denken. Da will er gern, wie auf Chagalls Bildern, eine Figur in der Luft herumschweben lassen, die eigentlich auf den Boden gehört. Träumen sollten wir also nicht nur als Nachtgeschehen sehen.

In der Nacht aber geschieht das Träumen im Schlaf, also in der Situation des Doppelten. Der Traum wird da gegeben, ist also ein wirklicher Traum. Im Wachen wird die Phantasie immer wieder durch den Zwang der Norm gebändigt. Ich kann nicht so frei phantasieren, wie ich träume. Ein Künstler allerdings kann es; Künstler sein heißt: wach träumen.

Wenden wir uns nun dem Traum-Leben zu! Wir können uns hier am besten anhand einiger Beispiele orientieren. Ich will versuchen, bei jedem Beispiel eine andere Facette des Ganzen zu zeigen.

Lassen Sie mich mit der Schlange beginnen. In den alten Mitteilungen heißt es nicht: ›Wenn du von einer Schlange träumst . . .‹, sondern: ›Wenn dir eine Schlange erscheint . . .‹. Das bedeutet, sie kann dir sowohl im Traum und in der Phantasie als auch in Wirklichkeit begegnen; ›die Schlange erscheint dir‹ meint eben auch die Tatsache, daß du sie siehst.

Ich erinnere mich an ein Erlebnis in Indonesien. Da hatten unsere Diener eine Schlange im Zimmer entdeckt und sagten: »Sie werden umziehen!« Ich dachte gleich, das weiß ich ja schon, denn ich hatte das auch in den alten Mitteilungen gelesen. Dort wird gesagt: Wenn du einer Schlange begegnest, bedeutet es, du wirst in ein neues Leben eintreten; es kann ein neues Haus sein, eine neue Lebensphase, es kann alles Neue bedeuten, sogar das Gebissenwerden und Sterben. Auch das ist eine neue Phase. Du siedelst um von dieser Welt in eine andere, das ist auch ein Umziehen.

Die Schlange kommt auch in der Bibel vor, die »Heilige Schrift« genannt wird, weil sie inspiriert ist. Eine Mitteilung sagt, die Bibel wurde von Moses im Traum geschrieben. Wer ist Moses? Als historische Figur ist er nicht zu finden. Wir müssen diesen Moses wohl in einer anderen Welt suchen, in einer Welt, die nicht unter dem kausalen Zwang der Geschichte steht, wo Ursache und Wirkung herrschen. Historisch nämlich wäre er — ganz einseitig — nur da und dann nicht mehr da. Einseitig bedeutet ja eine Phase: ›Er war mal und ist wieder verschwunden; *vielleicht* war er, *vielleicht* auch nicht.‹

Es wird deshalb von der Bibel gesagt: Das Ganze ist geträumt. Für den heutigen Menschen heißt das: Es ist nicht einseitig, historisch als Phase feststellbar, sondern *wirklich* im Sinn von »doppelt«. Der verborgene Wert von Traum, 500, verbindet doch Himmel und Erde. Es ist also wahr im Himmel *und* auf Erden. Auf *beiden* Seiten ist es wahr.

Die Schlange nun, die in der Bibel vorkommt, ist eigentlich das, was den Menschen dazu bringt, daß er eine Haut bekommt. Sie kennen die Geschichte »vom Sündenfall«, wie das theologisch so schön heißt, — die Bibel kennt keinen Sündenfall, nur die Theologie —; wenn der Mensch vom Baum der Erkenntnis genommen hat, sieht er, daß er nackt ist. Er bekommt dann ein »Fell«, wie es in der Übersetzung heißt; in der Ursprache steht »or«, »Haut«. Es könnte auch Fell heißen, Tierfell. Die alten Kommentare sagen auch: Die Haut des Menschen ist ein Tierfell, er ist sozusagen ein Tier geworden, er ist begrenzt worden. Jedenfalls bekommt er diese Haut, und es fängt an, was man den »Weg des Menschen« nennt.

Der Mensch beginnt seinen Weg durch sein Leben, durch die Geschichte, durch die Welten. Es beginnt nun das, was er als Entwicklung, als Wachstum erfährt, wo er fortwährend Änderungen erlebt. Stillstand ist unmöglich, der Weg zwingt zum Weitergehen. Erstarren würde bedeuten, der Weg ist zu Ende, d. h., eine Seite im Menschenleben ist ausgeschaltet. Ständig ist das ganze Leben in dieser Gefahr. Die Schlange bringt den Menschen also auf den Weg. Nun wird gesagt: Wenn dir eine Schlange erscheint, bedeutet das, du erlebst den Weg des Menschen. Du erlebst dann auch das Gesetzmäßige des Weges, denn Weg bedeutet: Ursache — Wirkung.

Der Weg des Menschen aber, dein Weg, — so wird überliefert — gewinnt nur dann Sinn, wenn du auf dem Weg deines Werdens auch das hast, was man »das Sein« nennt; sonst ist er eine Qual. Das Sein und das Werden sind beim Menschen zwei Seiten; sie bedeuten aber das gleiche.

Wenn Gott seinen Namen in der Bibel das erste Mal nennt, sagt er: »Ich bin, der ich bin«, oder besser übersetzt: »Ich werde sein, der ich sein werde«. Es ist eine Wiederholung desselben, das Sein und das Werden als etwas Festes. Es heißt daher vom Menschen im Bilde Gottes, daß das Sein und das Werden bei ihm sind; das fortwährende Sich-ändern geht mit dem Erleben eines unveränderlichen Seins zusammen.

Die Begegnung mit der Schlange bedeutet beim Menschen: Das Werden fängt an. Und Werden bedeutet tatsächlich Änderung. Das haben also die Diener in Indonesien aus ihrer alten hinduistischen/buddhistischen Tradition her gewußt. Und merkwürdigerweise sind wir dann tatsächlich ganz plötzlich und unvorhergesehen innerhalb von zwei bis drei Wochen umgezogen.

Änderung bedeutet, wie ich schon andeutete, auch Änderung im Erleben, in der Erfahrung, oder Änderung in der Lebensphase. Es kann sein, daß man einem Menschen begegnet, der einem etwas ganz Neues bringt. Es kann ein Buch sein, das erschüttert und eine Änderung der Lebenseinstellung bewirkt. Oder irgend ein anderer Anlaß zu Bewegung.

Was bedeutet es nun, wenn man wach von der Schlange träumt? Wenn man z. B. ein Gedicht oder eine Novelle schreibt, und es kommt eine Schlange darin vor?

Es hängt hier natürlich alles davon ab, inwieweit dieses Vorkommen konstruiert, gesucht, berechnet ist. Das alte Wissen stellt das Denken und Berechnen immer dem gegenüber, was im Menschen das Wirkliche ist: das Sein. Das Sein bringt aus einer *anderen* Wirklichkeit den Menschen zu seinen Handlungen. Ich drücke das gern so aus: *Es* spricht, schreibt, geht beim Menschen . . . Sobald er denkt, ist Zwang. Sobald er denkt: Ich muß jetzt von einer Schlange schreiben, dann ist die Frage, ob dabei das Konstruierte überwiegt, oder ob er so hat wollen müssen. Das ist sehr schwer zu trennen. Klar ist jedenfalls: Wenn du in deinem Leben die Sehnsucht nach Änderung, das Sich-entwickeln, den Eintritt in eine neue Lebensphase erfährst, dann ist die Schlange bei dir im Leben da. Dann ist es sozusagen normal, daß du von Schlangen träumst, wach oder im Schlaf, und daß du mit Schlangen irgendwie zu tun hast.

Schon an diesem Beispiel wird deutlich, wo die Träume herkommen. Die Mitteilung, daß ein Mensch von einer Schlange geträumt hat, sagt uns gleich: Das Prinzip, daß es sich in seinem Leben ändert oder ändern will oder ändern kann — dieses Prinzip ist bei ihm da. Es muß gar nicht so sein, daß erst der Traum ist und dann das Geschehen; es kann auch das Geschehen zuerst sein und zu gleicher Zeit der Traum die andere Seite dort repräsentieren. Der Traum zeigt es im Bild, im mythologischen Bild. Daß Schlangen hier auf Erden als Tiere erscheinen, zeigt, daß alles hier Erscheinende Ausdruck und Verkörperung dessen ist, was als Prinzip im Verborgenen da ist. Die mythologische Schlange bringt sozusagen Schlangen hier in die Welt hinein; die Schlangen sind hier da, weil die Schlange *dort* ist, im Jenseits da ist. So ist es mit allen Tieren und mit allem.

Wenn wir von der Bedeutung der Bilder im menschlichen Leben sprechen, können wir also nicht sagen, daß erst das Bild und dann die Bedeutung kommt, sondern die Bedeutung kann schon da sein und das Bild nachher kommen. Vielleicht erst Wochen oder Monate später.

Wenn jemand im Traum in einen Zug steigt und wegfährt, könnte man auch von einem Schlangentraum sprechen, denn der Zug sieht doch wie eine Schlange aus, wie eine Raupe. Jedenfalls hat die Reise, das Sich-fortbewegen mit dem Weg zu tun. Alles Reisen hier hängt eng mit dem Weg des Menschen zusammen. Wenn die Leute nicht mehr im Haus bleiben, immer hinausgehen, dahin und dorthin fahren, dann bedeutet das nach einer alten Überlieferung, daß der Weg jetzt stark betont ist in der Welt und auch der Mensch, der ja Teil dieses

Weges ist. Man kann es aber auch so sehen: Seit in der Welt so viele Änderungen sind im Denken, in Erfindungen, in allen sichtbaren Dingen, hat sich zu gleicher Zeit das entwickelt, was man Verkehr, Verkehrsdichte nennt. Man hat keine Ruhe mehr, fährt im Auto, mit dem Zug, im Schiff, fliegt und reist durch viele Länder; man kann nicht mehr zu Hause sein.

Wir sehen also, das eine hat immer mit dem anderen zu tun. Wir können hier nicht trennen und sagen: Der fährt und reist herum, weil er unruhig ist; nein, wir müssen zugleich sagen: Er ist unruhig, weil der Weg des Menschen so betont ist. Von beiden Seiten her soll das erklärt werden, erklärt es sich selbst.

Träume sind für das alte Wissen keine Rätsel, die aufgegeben werden, damit man sie löst, sondern sie bilden mit dem Leben und im Leben eine Einheit. Man kann aus dem Geschehen im Leben und in der Welt genauso deuten, als ob es ein Traum wäre. Wenn so viel Bewegung in der Welt ist, bedeutet es, die Welt hat einen Weg der Entwicklung, der sehr schnell geht, man sucht immer höhere Geschwindigkeiten, die Zeiten werden auf kausale Art schnell durchzogen, es ist eine Beschleunigung da.

Die Schlange bringt den Menschen aber nicht nur dazu, den Weg zu gehen, in Bewegung zu geraten, das Werden zu empfinden; die Schlange bringt durch ihren Biß dem Menschen auch den Tod. Aber auch der Tod, wird gesagt, bringt dich eine Phase weiter. Es ist auch ein Weg, nämlich der Weg des »Gilgul«, der Reinkarnation. Leben und Tod ist wie Kommen und Gehen, wie Tag und Nacht. Dann, am Ende des Weges, so heißt es, begegnest du dem Erlöser. Der Maschiach (Messias) ist das eigentliche Ziel des Weges. Bezeichnenderweise sind in der Ursprache die Zahlenwerte der Worte »nachasch«, Schlange, und »maschiach«, Gesalbter, Erlöser, identisch. Das will sagen: Die Schlange bringt dich auf den Weg; mit ihr fängt der Weg an, der dir auch den Tod bringt. Aber am Ende steht der Andere, der Erlöser.

In 4. Mose 21 wird von den Schlangen erzählt, die beißen und töten. Dann erhebt Moses die kupferne Schlange; wer sie anschaut, der lebt, wird geheilt. Wir sehen also: Der Weg ist nicht nur ein Weg zum Tode. Wenn du die andere Schlange, die immer da ist, auch siehst, dann verstehst du, daß der Weg durch das Werden zur Erfahrung des Sinns führt; dann hat der Weg für dich den Sinn der Erlösung.

Als zweites Beispiel möchte ich das Pferd nehmen. Das Pferd erscheint in der Bibel vor allem in Ägypten. Wenn der Pharao dem ausziehenden, sich befreienden Israel nachjagen und es fangen will, dann schickt er die Pferde, 600 Streitwagen und Reiter, wie erzählt wird. Vom König heißt es in der Bibel, er solle nicht die Dinge der Ägypter nachahmen und sich keine Pferde nehmen. Aus der Apokalypse kennen wir das Bild der verschiedenfarbigen Pferde, die dann den Kampf haben. Von diesen Pferden wird aber auch an vielen anderen Stellen der Bibel gesprochen. Immer geschieht im Zusammenhang damit etwas Besonderes. Ich denke auch an die Pferde, die den Propheten Elia abholen, die feurigen Pferde, die in den Himmel, in eine andere Welt fahren.

Im Hebräischen hat der Begriff Pferd eine ganz merkwürdige Struktur: »sus«, 60-6-60. Er repräsentiert in sehr starkem Maß die Zahl 6; Ägypten wird in der Bibel immer mit der Zahl 6 in Zusammenhang gebracht. So kommt es z. B. — nach der Überlieferung — erst zum Auszug aus Ägypten, wenn das Volk Israel 600 000 zählt; die Frauen Israels gebären in Ägypten jedes Jahr Sechslinge. Natürlich ist die Sechs hier nicht kausal zu verstehen, sondern als mythologischer Begriff, als geträumte Sechs. Immer erscheint diese Sechs, wenn etwas ganz Anderes, etwas ganz Neues kommt. Der sechste Tag der Schöpfung, der Freitag, bringt die Schlange, die Vertreibung aus dem Paradies. Der Freitag bringt auch die Kreuzigung. Eine entscheidende Änderung findet am sechsten Tag statt.

Ägypten zeigt sich im Zusammenhang mit der Sechs dort, wo ein Kampf stattfindet, ein Kampf, der eigentlich mit einem Sieg endet. Es ist kein Kampf, der unentschieden bleibt; die Sechslinge der Frauen von Israel bedeuten, daß sie die Erlösung bringen; die 600 000 ziehen aus; die 600 Pferde und Streitwagen, die nachjagen, gehen unter, erreichen nichts. Auch die Pferde bei Elia bringen eine Befreiung: Elia zieht lebendig in den Himmel, als Zeichen der Erlösung im Leben.

In der Apokalypse wird von den Pferden gesagt: Am Ende ist es ein Sieg der Pferde. Der Kampf zwischen den roten und weißen Pferden endet mit dem Sieg der weißen. Wer von einem roten Pferd träumt, so lautet eine Mitteilung, dem wird damit bedeutet: Du bedarfst der anderen Seite, der weißen Pferde, damit die roten besiegt werden können.

Die Pferde also erscheinen immer, wenn eine Erlösung nah ist oder zustande kommen kann, wenn ein Ende der Zeit stattfindet, wenn das Eschatologische kommt. Etwas ganz Neues kommt, nicht mehr im Sinn der Bewegung, wie bei der Schlange, sondern im Sinn eines Durchbruchs. Die Schlange bringt dir den Weg, einen Weg vielleicht ohne Ende — je nach deinen Gefühlen —; die Pferde aber bringen dir ein Durchbrechen im Leben. Du durchbrichst etwas, und es kommt ein Sieg. Das ist die Bedeutung der Begegnung mit dem Pferd, sei es im Traum oder in der Phantasie, wenn man beim Schreiben zum Beispiel auf »Erde«

»Pferde« reimt, also einen solchen Ein-fall hat. Wer bei sich einen Durchbruch erlebt, aus welchen Gründen auch immer, der — sagt man — träumt vom Pferd, begegnet dem Pferd. Man hüte sich aber vor der Neigung, im kausalen Sinn zu deuten: Weil ich vom Pferd geträumt habe, kommt nun das und das ... Im Sein ist es so, daß das Pferd und das Erleben des Durchbruches zu gleicher Zeit da sind, akausal, zeitlos. Der Durchbruch kann längst geschehen sein, und erst viel später hast du die Begegnung mit dem Pferd.

Die Schlange ist also der Weg, die Bewegung, die Veränderung, und das Pferd ist das Durchbrechen, eigentlich das Siegen. Denn die Pferde, die nachjagen, werden besiegt, gehen unter. Der Auszug aus Ägypten bedeutet: Jetzt geschieht ein Durchbrechen. Und es heißt, wenn du im Lande Kanaan bist, soll der König dort keine Pferde mehr haben, denn dort bist du am Ziel. Wenn du dich dort nach Pferden sehnst, dann ist das ein Ausdruck deiner Sehnsucht nach Ägypten; du möchtest zurück, du möchtest das Ganze zerbrechen. Du mußt aufpassen, Pferde könnten dich wieder dorthin zurückbringen.

Wenden wir uns einem weiteren Traumbild zu: dem Wasser. Man träumt manchmal von einem Fluß; oder von einem Eimer, den man ausgießt; oder man hat einen Wasserschlauch, mit dem man den Garten sprengt. Es ist also das fließende Wasser, dem man begegnet. Wasser ist identisch mit dem Empfinden der Zeit. Was aber geschieht mit dem Wasser? Sehe ich es als einen Fluß, der vorbeifließt? Oder kommt es aus einem Brunnen hervor? Oder schöpfe ich es mit einem Eimer? Gieße ich es aus oder trinke ich es? Es heißt: Wenn du an einem Brunnen stehst, bedeutet es, du hast jetzt erfahren, daß dir die Dinge aus einer anderen Wirklichkeit kommen. Du siehst das Wasser aus der Erde hervorkommen oder — das liegt heute näher zu träumen — aus der Wasserleitung. Es kommt also aus einem Nicht-Sichtbaren her.

Oder du schöpfst das Wasser von dort und tust etwas damit; trinken zum Beispiel oder etwas begießen. Es will sagen: Du beherrschst die Zeit. Du hast erfahren, woher sie kommt: aus dem für dich Nicht-Kausalen, dem Unsichtbaren. Du kannst nur erfahren, daß sie da ist. Und du hast ein Wissen vom Wasser: Du begießt den Garten; wenn den Dingen hier Zeit gegeben wird, können sie wachsen, können erscheinen. Du freust dich an dem, was hier erscheint.

Das Wasser als Fluß oder als Meer meint eine Zeit, die für dich eine Scheide macht zwischen zwei Welten: diesseits und jenseits des Flusses; beim Meer ist das »jenseits« nur zu ahnen, man weiß gar nicht, wo es ist.

Diese Bilder der biblischen Überlieferung, was bedeuten sie für den Menschen heute? Wenn dir

Wasser begegnet, so wird gesagt, dann frage dich: Bist du Herr über das Wasser, oder ist das Wasser Herr über dich? Ist es in deinem Leben, deiner Zeitentwicklung so, daß du das Gefühl hast: Ich erlebe es, wie es auch kommt? Oder lebst du so, daß Zeit dich immer, was auch kommt, drückt? Lebst du pessimistisch und depressiv, weil Zeit für dich bedeutet: Jetzt kommt wieder Schlimmes, Langweiliges? Oder freust du dich und fühlst: Ich werde eine herrliche Zeit haben? Je nachdem, was bei dir vorherrscht, so begegnest du dem Wasser, auch im Traum. Wenn es dir so ist: ›Ach, das kommt wieder, wie schrecklich!‹, dann ist es ein großer Fluß, oder du stehst am Meer, oder der Regen stürzt herab, und du willst dich vor dem Wasser schützen. Das Wasser bedrängt dich. Sagst du: ›Wasser, herrlich! Ich trinke davon. Ich habe einen Garten, der wird jetzt begossen, es wird wieder wachsen.‹ Gibst du das Wasser einem anderen zu trinken oder gießt du es aus? Was ist mit dem Wasser, wie lebst du?

Ich hoffe, diese einführenden Beispiele zeigen schon, daß Träumen und Wachsein eins sind. Weder kann man den Traum deuten und dann für das Wachsein benutzen, noch ist der Traum eine Folge deiner Handlungen im Wachsein. Vielmehr: Du erlebst beides, weil Träumen *und* Wachsein dein Leben sind. Im Träumen: das Leben im Sein; im Wachsein: das Leben im Werden. Aber das Sein enthält das Werden, und das Werden enthält das Sein — nur der Nachdruck ist verschieden.

Wenn wir vom Träumen und Wachsein sprechen, müssen wir uns immer wieder klarmachen: Hier geht es um beides in einem. Ich werde also nie versuchen, Träume zu deuten, wie das allgemein üblich ist, sondern ich will die Träume als Leben des Menschen sehen. Und in seinem Wachsein sehen: Was tut der Mensch? Was ist sein Beruf, seine Sehnsucht? Was liest er? Womit beschäftigt er sich? Was will er? Denn das alles ist genauso Träumen. Wenn der Mensch in Zwang ist, könnte es sein, daß der Traum auch ein Zwang wird, ein Alptraum. Der Zwang im Leben *ist* ein Alptraum. Und es könnte sein, daß sich das in der Nacht, in »schena«, im Doppelten, ausdrückt.

Wir dürfen das allerdings nie im kausalen Sinne verstehen, nach der Devise: Er hat einen Alptraum, also lebt er in Zwang. Es kann sein, daß er vor Jahren oder Wochen oder gestern viel Zwang hatte und es jetzt erlebt im Traum; oder vielleicht erst in Jahren oder Wochen oder morgen Zwang haben wird, den Zwang im Leben noch gar nicht kennt, den er jetzt im Traum erlebt. Wir müssen also auch das Zeitelement besprechen. Was ist Zeit? Was ist die Zeit im Traum?

Eine alte Mitteilung sagt, der Mensch träumt sogar Dinge aus seinem vorigen und vorvorigen Leben. Eine andere Überlieferung sagt, er träumt auch Dinge aus seinem künftigen Leben. Da stellt sich die Frage: Was bedeutet künftiges und was vergangenes Leben? Muß man da sagen: vor der Geburt? Was steckt im Leben des Menschen aus früheren Zeiten und was für spätere Zeiten? Sind nur frühere Zeiten in seinem eigenen Leben gemeint? Oder auch in anderer Leben?

Ich möchte den Zeitbegriff mit dem Werden und dem Sein zusammenbringen und sehen: Was ist Zeit eigentlich? Dann werden auch Traum und Wachsein uns viel klarer werden.

ZWEITES KAPITEL

DIE SACKGASSE DES ERKLÄRENS · RATIONALE
TRÄUME · DIE VIELEN GÖTTER
UND DER EINE · MEDITATION · WORT UND ANTWORT

Wir sprachen davon, daß während des ganzen Lebens eine Mischung der beiden Phasen Träumen und Wachsein besteht, daß im Wachen auch das Träumen da ist und es in der Nacht auch eine Verbindung zum wachen Leben gibt. Trennt man diese beiden Wirklichkeiten zu scharf, dann geschieht das, was man das Leiden in der Zweiheit und durch die Zweiheit nennt. Das Paradox steht dem Menschen dann so scharf vor Augen, daß er wählt, also dem Entweder-Oder verfällt.

Das Deuten der Träume ist im allgemeinen ein betont rationaler Vorgang. Man will verstehen, will erklären und sucht schlüssige Verbindungen zum Tagleben. Das birgt, glaube ich, eine große Gefahr, denn Träumen und Traumwelt bedeuten doch irrationale, akausale Wirklichkeit. Die Traumwelt sträubt sich dagegen, rational erklärt und gedeutet zu werden. Man kann einen Menschen ja auch nicht durch Sezieren erklären. Der Traum muß im Gebiet des Nicht-Erklärbaren bleiben — und doch muß er zu uns sprechen können. Immer aber — und heute vielleicht besonders — tendiert der Mensch dahin, aus dem wachen Wahrnehmen Schlußfolgerungen zu ziehen und danach zu leben. Das eben wird die Sünde des Menschen genannt, daß er sich selber selbstverständlich einseitig sieht. Aus der Tageshelle des Jetzt will er alle Komplikationen erklären, seien es Kriege, Krankheiten oder Verbrechen. Der Drang, alles zu analysieren, herrscht vor. Auf diese Art, glaube ich, mißhandelt man heute auch die Träume. Man sagt: ›Du träumst das, *weil*‹, statt sich zu fragen: ›Was geschieht mit dir, wenn du das träumst? Warum siehst du das? Wenn du das phantasierst, was ist dann mit dir?‹

Dieser Ursache-Folge-Kreis, der Zwang, rational erklärend zu leben, zeigt sich auch in den Tagträumen. Man phantasiert sich eine Karriere, einen Geliebten oder eine Geliebte, einen politischen Sieg. Man phantasiert weitgehend rational. Wer phantasiert heute noch von Engeln, von Teufeln oder Dämonen?

Man könnte von einem Trockenwerden der Phantasie in unserer Zeit sprechen. Die Wunder sollen auf rationale Weise kommen. Es gibt heute die meisten Bestseller unter den »Sach«büchern, eine Benennung, deren Trockenheit für sich spricht.

Unsere Kultur, die rational ausgerichtet ist in allen ihren Äußerungen — sei es Literatur, Wissenschaft oder Kunst —, die gleichsam immer etwas erklären will, bringt im Menschen eine Flucht zum Ausbruch. Vielleicht könnte man sagen, daß viele Krankheiten, vor allem auch Nervenkrankheiten, entstehen, weil die Nerven so einseitig benutzt werden, daß sich die *andere* Seite in einer Neurose oder Psychose meldet. Oder man entflieht dieser Welt und entzieht sich ihr durch Rauschmittel und Drogen, die dann von anderen Dingen träumen lassen.

Einseitige Erziehung und Ausbildung gibt es schon seit ein paar Jahrhunderten; unser Zeitalter aber hat Unterricht und Studium besonders extrem auf »Nutzen« ausgerichtet. Gewiß, wir sehen, das bringt mehr *Wohl*stand; aber je mehr davon auf rationale Art hervorkommt, desto mehr wächst auch der *Wider*stand, d. h., der Vernichtungswille, das Destruktive. Alles einseitig Rationale hat den Terror und das Destruktive im Gefolge — im Menschen wie in der Welt.

Der Mensch, der ständig im Bann des Gefühls lebt, er müsse dies und jenes erreichen, der in einem Netz von »Versicherungen« zappelt, erträgt das Leben nicht, weil er nicht mehr richtig träumen kann. Die alten Mitteilungen — und auch neuere Erkenntnisse — sagen, daß der Mensch so träumt, wie er tagsüber lebt, und so lebt, wie er träumt. In unserer Zeit träumt er rational, es treten kaum mehr Engel oder mythologische Wesen auf. Man träumt von Autos, Flugzeugen, Häusern, Zusammenstößen usw. Bis in den Traum hinein soll es stimmen! Vielleicht kommt es daher, daß uns der Traum diesen stimmenden, rationalen Tag in die Nacht bringt und nicht mehr einen anderen Tag, in dem die Freiheit der Phantasie herrscht.

Die Phantasie des heutigen Menschen zeigt sich treffend an der Diskussion über die UFOs. Wenn er etwas am Himmel, im Weltall sieht oder halluziniert, so sind es mechanische Dinge, fliegende Untertassen oder dergleichen. Früher hätte man sagen können: ›Ich habe einen Engel gesehen.‹ Heute sieht man Apparate, die fliegen können. So gefangen ist der Mensch, daß er nur noch in dieser einen Seite lebt.

Wenn wir Traumbegriffe besprechen, müssen wir uns klar darüber sein, daß diese Begriffe auch für die Traumwelt tagsüber gelten. Engeln kann man auch am Tag begegnen, nicht nur im Traum. Wie verhält man sich in dieser Beziehung zu den Mitteilungen der Bibel? Was sagen uns die indischen Veden mit ihrer Götterwelt? Was die Mythen aller Völker? Ist das nun wahr? Oder nur allegorisch? Oder symbolisch? Hat man das Schlagwort der Entmythologisierung, weil man nicht mehr glauben kann?

Wie kann sich ein Mensch »gläubig« nennen, der angesichts der Geschichten der Bibel sagt: ›*Mir* kann doch so etwas nicht passieren.‹ Wie aber passiert es in der Bibel? Tatsächlich passiert es dort in einer Nacht-Traumwelt; es geschieht dort, wo der Mensch sich öffnen kann, um mit der anderen Dimension Verbindung zu haben. Als Ersatz nimmt der »Ungläubige« z. B. Drogen und geht daran zugrunde, weil das Andere nur als eine Art Gegenüber zum hellen, wachen Tag kommt, in dem Träume nicht zugelassen werden. Es ist eben kein Glaube da, daß während des Tageslebens alles in einer Traumwelt geschehen kann; das will sagen: Das Akausale, Irrationale, kann Einbruch, Einblick haben; es bildet eine Einheit mit dem normalen, alltäglichen Leben. Wer es aber trennt — ›Jetzt lese ich von Engeln in der Bibel und glaube, dann gehe ich in den Supermarkt und kaufe ein, und das Geschehen dort hat weder etwas mit der Bibel noch mit Engeln zu tun‹ — der schneidet einen großen Teil des Lebens ab, läßt die Verbindung nicht zu.

Heute werden so häufig die Begriffe »bewußt«, »unbewußt« oder »unterbewußt« gebraucht — schöne Worte, konstruiert, um Theorien zu bauen. Ist es nicht besser, etwa so zu sagen: Alles, was ich tue, entsteht aus zwei Dimensionen, der Dimension des Gegenwärtigen (Momentanen) und der Dimension des Akausalen. Muß ich z. B. erklären können, warum mir dieser Mensch sympathisch ist und dieser nicht? *Kann* man das erklären? Und wenn jemand glaubt, daß er das sehr wohl erklären könne, *was* erklärt er dann eigentlich? Sympathie ist etwas, das über dich kommt. Dann ist es so, leb's.

Man will erklären, hat diesen Zwang zum Erklären, weil man die andere Dimension abgeschnitten hat. Manche Krankheit, manche Unlust, manche Auflehnung ist eben ein Sich-melden der anderen Dimension: ›Ich gehöre doch — als Ganzes — zu dir. Es gibt doch Tag *und* Nacht, laß doch auch Nacht sein, wo Schlaf ist, »schena«.‹ Lebe also mit den Träumen tagsüber, sie sollen in den Tag hinüberkommen, Verbindung haben.

Geist, hebräisch »ruach«, enthält wie der Wind, der auch »ruach« heißt, das Verbinden; ein Engel ist ein Bote, ein »heiliger Geist«, der eine Mitteilung aus der anderen Welt bringt. »Andere« Welt meint nicht räumlich anders, sondern verborgen; räumlich ist sie uns so nah wie unsere Hände, ja noch viel näher, denn sie geht durch uns hindurch wie Röntgenstrahlen. Sie ist mit uns, durchwirkt uns. Durch die andere Welt sind wir zu gleicher Zeit überall.

»Ruach«, also Bote, heiliger Geist, Wind, Mitteilung, Bewegung, Inspiriertsein, will sagen: Es ist von anderswoher gekommen, von einer anderen Welt, die wir die Traumwelt nennen. Die Traumwelt entzieht sich Zeit und Raum, sogar im rationalen Traum. Selbst wenn man den Traum wie eine Geschichte mit einer Reihenfolge erzählt, sieht

man, daß Zeit und Raum keine Beschränkung gebracht haben.

Der Mensch braucht den Traum. Auch durch
Experimente wurde nachgewiesen, daß Menschen,
die am Träumen gehindert werden, schreckliche
Unlustgefühle beim Erwachen hatten. Träumen
geschieht also beim Menschen, auch wenn er nichts
davon weiß, sich an die Träume nicht erinnert.

Warum gibt es Leute, die viel träumen (= sich
häufig an ihre Träume erinnern), und andere, die
fast nie träumen (= sich sehr selten an ihre Träume
erinnern)? In den alten Mitteilungen heißt es, daß
der Mensch im nächtlichen Traum in der anderen
Welt lebt. Er erlebt dort sehr viel, ist dort inspiriert. Wenn er erwacht, braucht er gar nichts davon
zu wissen, denn — wie gesagt — je mehr er auf
diese Art träumt, desto mehr wirkt der Traum am
Tage. Da der Mensch *ganz* ist, wirkt das eine auf
das andere, nicht im Sinn von Ursache und Wirkung, sondern als »Gewirk« im Sinn einer Ganzheit.

Es heißt, der Traum, an den man sich erinnert,
meldet sich, weil etwas nicht ganz in Ordnung ist.
So träumen z. B. Menschen, die mit den Nerven
fertig sind, sehr viel. Das viele Träumen — keines-
wegs nur auf nervliche Erschöpfungszustände beschränkt — signalisiert, daß etwas nicht stimmt. Ist
ein Mensch z. B. zu rational, dann meldet sich das
andere wie eine Krankheit, Kopfweh oder Magen-

verstimmung. Es meldet sich und sagt: ›Hier stimmt etwas nicht. So geht es nicht.‹ Es kann aber auch sein, daß ein Mensch sich der alltäglichen Welt entzieht, sie für einen Fehler in der Schöpfung hält, keinen Sinn in ihr sieht und nur in »höheren Welten« leben will, in Meditation und Versenkung zum Beispiel. Auch dann meldet es sich im Träumen: ›Laß das. Hier ist keine Einheit, die Einheit von Tag *und* Nacht fehlt.‹

Der Mensch könnte, wie die Mythen, Sagen und Legenden erzählen, tatsächlich auch tagsüber mit der anderen Welt Verbindung haben. Er kann allerdings diese Verbindung nicht absichtlich herstellen. Dann wird er nämlich krank. Vielmehr: Sein Leben bringe diese Verbindung zustande, fortwährend!

In alten Zeiten lebten die Menschen mit ihren Göttern. Die Griechen hatten ihren Olymp und die Germanen ihre Götterwelt. Warum sind Griechen und Germanen für uns heute nur noch eine historische Angelegenheit? Oder gibt es diese Völker noch? Sind sie mit ihren Göttern nicht eigentlich *in* uns und mit uns? Könnte es sein, daß all das in uns ist, nur *wir* lehnen es ab?

Denken wir an die Schulzeit. Alles konzentrierte sich auf Grammatik, Sprachformen, Vokabular, gewisse Begriffe der »klassischen Antike«. Fragte man ernsthaft nach den Inhalten: Warum glaubten die das? Sokrates, der gelehrte Platon, die waren doch nicht dumm? — verlegenes Lächeln, dann wieder Deklinieren, Konjugieren, Ausnahmefälle.

Oder nehmen wir einen sich doch ganz rational gebenden Komplex wie den Talmud. Plötzlich erscheinen darin Geschichten, die völlig unglaubwürdig, für das Rationale unverständlich sind. Oder die vielen Geschichten im Neuen Testament, Wunderheilungen usw. Die Exegeten sind verlegen, zucken mit den Achseln oder, viel schlimmer, sie versuchen, auch diese Geschichten rational zu erklären. Die Folge ist — überspitzt ausgedrückt —: leere Kirchen und eine Welt voll Neurotiker. Es gibt nie genug Therapeuten, Kliniken, Sanatorien. Weil man alles *erklären* will und sich keinen Rat weiß mit den Geschichten.

Dann ist es doch ehrlicher, die Bibel wegzulegen und nur noch Freud und Nils Bohr zu studieren. Da wird alles erklärt, und so, daß es stimmt. Dann stimmt es auch, daß der Mensch ein Scheusal mit Komplexen ist. Der Pessimismus ist die logische Folge.

Nehmen wir aber die Bibel und all die anderen alten Mitteilungen ernst, weil außer den merkwürdigen Geschichten so weise und große Dinge darin enthalten sind, daß wir sie heute als Fundamente unserer Kultur betrachten, dann müssen wir sagen: All das Un-rationale war diesen Menschen selbstverständlich; sie haben wach geträumt, waren wach in der Welt der Träume.

Ich bin immer sehr irritiert, wenn Leute zu mir kommen und sagen: ›Ich habe dies und das geträumt. Was bedeutet das?‹ — Der Traum ist ein Geschehen, ich kann da nichts erklären. — Wenn ich so die Deutungen der verschiedenen psychologischen Schulen oder auch die sehr verschiedenen Deutungen derselben Schule höre, wird nur eines klar: Die Deutungen sind ohne Ende, die Interpretationen relativieren einander. Ich will damit sagen: Mir ist nicht der bestimmte Traum in der Nacht wichtig, sondern der Traum überhaupt.

Alle alten Überlieferungen entstammen der Traumwelt des Menschen, sind also aus dem Leben des Menschen; denn nur *der* Mensch lebt, der auch wirklich träumt.

In allen Mythen gibt es Götter. Auch die Bibel erzählt von Göttern. Sie werden bekämpft, es gibt Krieg mit ihnen, Gott selbst sagt: ›Ich werde die Götter von Ägypten schlagen, ich ziehe in den Krieg gegen sie.‹ Sie existieren also, Gott kämpft nicht gegen Halluzinationen. In der Traumwelt gibt es auch Propheten. Es könnte sie auch in unserer Welt geben, in unserem Leben, wenn die andere Welt nicht getötet und abgeschnitten wird, indem man sagt: ›*Damals* stellte man sich das so vor. Wissenschaftlich gibt es keine Propheten.‹

Viele Krankheiten kommen aus dieser Enge des Historischen, die sich im ›Das *war* einmal‹ ausdrückt. Propheten *waren,* Jesus *war* . . . und jetzt sind sie nicht mehr: Diese vielfach unausgesprochene Überzeugung entleert das Leben, macht es trocken, langweilig. Das *War* ist schrecklich vereinsamend für den Menschen. Wenn der Traum heute oft nur als Erklärung seiner Psyche oder seiner Krankheit benutzt wird, so ist das ein Mord am Traum, ein Mord an dieser ganzen Welt.

Daß man nur noch träumt um zu erklären, warum der Mensch krank ist und wie man ihn heilen kann, meint doch nichts anderes als daß der Traum lediglich als Symptom gesehen wird. Sind wir nicht ständig mit Symptomen beschäftigt? Herrscht nicht schreckliche Langeweile in einer Welt, in der es nur noch Symptome gibt? Bei Kopfweh greift man zu Aspirin, bei Schnupfen zu Antibiotika — für jedes Symptom ist gleich ein Mittel zur Hand. Haben wir uns etwa so in den Symptomen verloren, daß wir uns gar nicht mehr mit dem Grund der Dinge, dem Fundament, den Wurzeln verbinden können?

Die Grund-fragen — wozu er lebt, was er hier überhaupt tut — stellt der mit Symptomen beschäftigte Mensch nicht. Er möchte wohl Öl, er möchte wohl Frieden, aber die Fragen: Was ist Öl überhaupt? Was ist Frieden? werden ausgeklammert. Gibt es nicht dennoch in jedem Menschen eine Sehnsucht nach den Grund-fragen? Sehnt er sich nicht doch danach zu erfahren, warum er lebt, warum es so viel Leid gibt?

Eine Welt, die alles gesetzmäßig ordnet, die für

alles ein Mittel weiß, bringt ganz selbstverständlich Drogen hervor, die Flucht in Krankheiten, in Selbstmord, in alles Destruktive, weil eine solche Welt tatsächlich unerträglich ist. Es ist doch merkwürdig, daß gerade die sehr intelligenten Menschen mit scharfem Verstand für Nervenkrankheiten am anfälligsten sind. Sie entwickeln eben nur diese rationale Seite und je schärfer, desto näher stehen sie am Abgrund. Während — auch dies statistische Erkenntnis — Leute, die in der Schule schlecht, vielleicht »Träumer« und deshalb nicht so gut waren, durchschnittlich eher gesund sind; vielleicht, weil das Andere noch etwas lebt, Verbindung hat.

Die Frage ist nun: Gibt es auch heute die Möglichkeit, daß der Mensch träumt, einen Mythos träumt im Sinn des wirklichen Er-lebens? Was sind Götter? Was sind Könige, Königinnen, Prinzen? Was sind Lichtbringer, Prometheus? Was sind Erlöser? Was Feinde, Siegfried und Hagen? Was sind die Gestalten in den Mythen für uns? Wie sind sie geträumt? Wie kamen sie in diese Geschichten?

Anhand der Traumbilder könnten wir vielleicht einsehen, wie unser Dasein hier mit unserem Dortsein dort eine Einheit bildet; daß die beiden Dimensionen eins sind, und daß es unmöglich ist, das Dasein hier abzutrennen. Das Dasein hier geht sehr sehr weit. Es reicht weit ins Unsichtbare, aber es bleibt hier, leibhaftig sozusagen. Die andere

Welt kennt auch einen Leib, der von der anderen Dimension her lebt. Beide Leiber sind eins. Der Mensch fühlt sich todunglücklich, wenn er nur mit der einen Leibhaftigkeit hier zu tun hat; er spürt dann, daß es eklig wird, so nicht stimmen kann, sich im Kreise dreht.

Götter — der Name schon gibt eine Vielzahl. In der Mythologie begegnen uns Götter als eine Art Familie. Immer wird genau beschrieben, wer mit wem zu tun hat, wer höher steht, wer strafen oder töten kann. Die Götter bilden einen Zusammenhang.

Man kennt dann auch — nicht nur in der Bibel — einen Gott, der über allen anderen steht. Meist wird von diesem Einen nur in der mündlichen Tradition erzählt. Man vermeidet es, vom Einen zu schreiben, da man weiß, daß es doch nicht verstanden, daß der Eine doch nur als eine Art mächtigster in der Linie der Götter gesehen wird.

In Indien sagte man mir: Nur unseren schon sehr weit fortgeschrittenen Schülern erzählen wir das Geheimnis von dem einen Gott, denn die vielen Götter sind alle in dem Einen. Wir aber können nur die Vielheit sehen und erfahren. Wir sind nicht imstande, von hier aus den Einen zu erfahren. Daher ist auch in unseren heiligen Schriften von ihm nicht die Rede.

Im Hebräischen steht das Wort für Gott, »elohim«, in der Mehrzahl; aber auch Götter heißt

»elohim«. Man müßte also aus dem Kontext er-
schließen, ob der Eine oder die Götter gemeint
sind. Da die Welt gern alles rational ordnet, glaubt
man, die Lösung in Begriffen wie Monotheismus
und Polytheismus gefunden zu haben. Aber was
helfen Begriffe. Am Wort »elohim« sehen wir, daß
sich auch der Eine in der Mehrzahl nennt. Man
kann vom Einen eben nur in der Mehrzahl reden
und schreiben.

Wo sich Gott in der Bibel der »Herr« nennt,
»adonai«, steht Einzahl. Aber merkwürdig auch
hier: Der »Herr« männlich, aber die Wortendung
— Kamez, He — weiblich.* Das Weibliche und das
Männliche sind zusammen in einem Namen; auch

---

* Auch Schlomo (Salomo), der Sohn Davids, hat einen weiblichen Namen. Jonah, der Prophet, hat ebenfalls einen Namen
mit weiblicher Endung. »Jonah« bedeutet Taube; Taube, die
erst ausgeschickt wird und dann zurückkehrt. Jonah ist also
derjenige, der die Antwort gibt. Antwort bedeutet: Erst gibt es
das Wort, dann die Ant-Wort. Das Wort, so heißt es, wird
»Fleisch«, also Welt, Blume, Gedanke, wird ein Apparat, wird
Mensch. Das Wort wird hinausgeschickt in die Welt und fragt:
Wozu und wohin? Was will man von mir? So ist die Frage da.
Der Name »adam«, Mensch, schreibt sich 45 als »ma«, »was«.
Was bedeutet das? Was wollt ihr von mir? Wenn das Wort
hinausgeschickt wird, ist diese Frage da.
Antwort heißt auf Hebräisch »teschuwa«, Rückkehr: Rückkehr
zum Ursprung. Das ist für den Menschen eine Verantwortung;
es bedeutet Verantwortung für das Leben. — Eine Frage ist
jedenfalls da. Und wenn man leugnet, daß es Fragen gibt, leugnet man seine Existenz. Die Existenz ist eine Frage, ist fragwür-
dig. Warum bist du, jetzt, und hast deine Schwierigkeiten?

hier nennt sich Gott in der Vielheit, denn eine solche ist auch die Zweiheit.

Alles dreht sich darum: Ist Einheit da oder bleiben es noch zwei? Wenn es zwei bleiben — wenn es nicht ganz stimmt —, dann weißt du dein Träumen noch, dann meldet es sich. Wenn aber Einheit, Ganzheit ist, dann ist dein Tagleben Ausdruck von dem, was du nachts in der Traumwelt erlebt hast, ob du es nun weißt oder nicht; dein Leben tagsüber ist nichts anderes als die Tagseite dessen, was du in der Nachtseite geträumt hast.

Der Name Gottes erscheint als Vielheit, und doch ist Gott Einer. Von hier aus verstehen wir den Kampf im Christentum: Das Gute und das Böse — der Gott des Lichtes und der Gott der Finsternis. Immer die zwei Kräfte. Wenn du sagst: ›Da kämpft also die Tageskraft, das Männliche, mit der Nachtkraft, dem Weiblichen, und wer wird siegen?‹ — dann verstehst du nicht, dann ist die Ehe noch nicht vollkommen.

Immer sehnt sich der Mensch nach der Einheit, mit der Frau oder dem Mann, mit den Freunden, mit der Gesellschaft, mit der Welt. Er sehnt sich mit einem Wissen um Einheit, denn solange es getrennt bleibt, kann es nicht stimmen.

Wenn einer sagt: ›Ich brauche die Welt nicht. Ich versenke mich in ganz andere Dinge. Die Meditation wird mich weit wegbringen‹, dann antwortet man ihm: ›Und wozu dann diese Welt mit allem

Wunderbaren? Selbst die Blätter bis in die Zacken, bis ins Letzte und Äußerste so schön gestaltet? Wozu alles? Damit du dich zurückziehst?‹ Das einseitige Leben zeigt, daß du hier eins von beiden wählst, also Zweiheit bestehen läßt. Du trennst Gott, dessen Name doch sagt: Ich bin männlich und mein Name ist weiblich.

Ich komme noch einmal auf den Zusammenhang der Götter Indiens zurück. Es wird dort gesagt: Richtiges Meditieren schafft zwischen den vielen Göttern, von denen du in den heiligen Schriften liest, einen Zusammenhang, der immer intensiver wird. Er wird schließlich so stark, daß du nur noch zwei einander gegenüber siehst: Mann und Frau. Am Ende spürst du die Einheit, empfindest die Einheit in deinem Leben — Bilder siehst du nicht mehr. Meditieren und Träumen ist dann eins. Wie du vom Traum nichts weißt, so weißt du auch in der Meditation nichts, (außer du hast eine Vision, wie du auch im Traum eine Vision haben kannst).

Beim Meditieren sollst du so leer sein, daß es auch Schlafen sein könnte. So vollkommen sollst du dem Ganzen entzogen sein, daß du es dadurch eigentlich erst erfährst, ohne vom Erfahren zu wissen. Dann, am Ende, wenn die Meditation bis zum Grund gekommen ist, weißt du, daß alle Götter zusammengetroffen sind und Einer ist.

Es ist aber nicht so, daß du erst meditierst und es dann erfährst. Vielmehr: Wenn dein ganzes

Leben das Zusammenschmelzen der Vielheit erfährt, bis es im Leben Einheit ist, dann geschieht dir die Erfahrung in der Meditation: Jetzt ist Wirklichkeit da.

Das ist die Wirklichkeit, die männlich und weiblich in einem ist. Wenn Gott den Menschen erschafft, so macht er *ihn* (Einzahl) männlich und weiblich; dann erst, im selben Satz, heißt es: Männlich und weiblich sind *sie* (Mehrzahl). Erst einer, dann viele. Beides ist da. Gott ist die Einheit in der anderen Dimension, im Jenseitigen; die Götter sind die Vielheit dieser Welt. Beide sind Realität. Solange du diese Welt als Vielheit erfährst, die Zusammenhänge nur Zusammenhänge und noch nicht zur Einheit geworden sind — solange hast du noch Götter.

Im Talmud, im Midrasch, wird von den Griechen erzählt, die unter Antiochus alle Götter der Welt in den Tempel von Jerusalem bringen. Sie stellen auch ein Bild des Gottes von Israel dort auf und sagen: ›Es ist gut, daß alle da sind, der Tempel ist groß und heilig.‹ Da kommt es zum Aufstand der Makkabäer, die sagen: ›Das zerschlagen wir, denn so ist es nicht. Mögt ihr Götter haben! — Aber draußen! Denn den vielen Göttern gegenüber ist der Eine im Tempel.‹

Das kommt auch zum Ausdruck, wenn es heißt: In dieser Welt ist das Tun, die Bewegung, weil es auf der anderen Seite die Ruhe gibt, die Einheit, die Harmonie. Hier gibt es die Gesetzmäßigkeit, weil es auf der anderen Seite die Freiheit gibt. Bewegung und Ruhe, Gesetz und Freiheit sind jeweils das gleiche — nur auf verschiedenen Seiten.

So hat der König Josia zwar die Götter in Jerusalem zertrümmert, die Höhen im Kreis herum aber ließ er stehen. Das meint, er wußte, daß die Vielheit draußen existent ist. Von draußen her nach Jerusalem ziehen bedeutet, den Weg durch die 7 mal 7 Tore gehen und auf dem Weg die Vielheit verbinden mit dem Einen. Auf dem Weg begegnet man vielen Menschen, sehr verschiedenen; dadurch aber bringt der Weg auch immer mehr die Erfahrung des Zusammenhangs. Die Begegnungen, die wir auf dem Weg haben — nicht nur mit Menschen, sondern auch mit Dingen oder Tieren — das sind die Götter. Die Vielheit der Natur trägt wie alle Wesen die Namen von Göttern und Göttinnen.

Unsere Ahnen, die Väter — heißt es in der Bibel —, waren Götzendiener. Gemeint ist damit nicht, daß sie im Gegensatz zu uns, die wir den Einen kennen, sehr primitiv waren, sondern gemeint ist: Am Anfang des Weges stehen die Vielen; der Weg fängt in der Vielheit an. Das Wort zeigt sich in unendlicher Vielheit und so fragt es und ruft es um Antwort.

Antwort aber bedeutet »teschuwa«, Rückkehr. Einem Menschen, der in Unruhe ist, sagt man:

›Tue teschuwa, kehre zurück, suche die Antwort!‹ Hölle heißt auf hebräisch »scheol«, das bedeutet »Frage«, eine Frage, die keine Antwort kennt. Sieht der Mensch, daß es nicht stimmt hier, und ist er überzeugt, daß es keine Antwort gibt, dann ist es für ihn die Hölle. Von den Dämonen wird gesagt, daß sie die Antwort verhindern; sie haben großen Spaß daran, daß die Frage immer bleibt. Durch immer raffinierteres Analysieren werfen sie immer neue Fragen auf. Sie freuen sich, wenn der Mensch in den Fragen verzweifelt. Hölle und Frage — im Hebräischen ist es das gleiche Wort.

Das Wort wird hinausgeschickt: ein Weg entsteht, eine Einbahnstraße. Es heißt aber: Kehre zurück! Das will sagen: Verletze das Gesetz, kehre um in der Einbahnstraße und fahre zurück gegen den Verkehr und nimm nicht eine andere Einbahnstraße.

Leben im Paradox: Es gibt Gesetze, und doch bist du frei. Verantwortung hast du, und doch ist es vorherbestimmt. Krank bist und bleibst du, und dennoch sollst du heilen; wenn du einen Fall aufgibst, bedeutet es: Einbahnstraße. Die Einbahnstraße ist tödlich. Nur immer eine Richtung, Evolution — das wollen die Dämonen. »Teschuwa« aber sagt: Kehre zurück! Der Baal Teschuwa — der, der zurückkehrt — steht höher als der Hohepriester und alle Heiligen, heißt es. Die Rückkehr ist das Entscheidende.

Götter sind die vielen Begegnungen, die vielen Gespräche, die wir im Leben haben, bis die Begegnung mit Einem sein wird, wenn alles zusammenfließt. Vielleicht — wer weiß, wer so weit kommt — erlebst du dann am Ende: Das bin ich doch selbst, der fortwährend mit mir gesprochen hat. — Das ist das Paradies, der Garten Eden.

Göttern im Traum begegnen bedeutet: Das sind deine Gespräche hier; daher spricht man von Entsprechung. Man spürt, daß die Begegnungen Entsprechungen von etwas anderem sind, daß die Dinge hier den Dingen dort entsprechen, daß auch der Traum eine Entsprechung ist. Was also sind die Entsprechungen der Götter hier? Das ist die Vielheit der Welt. Und wenn es heißt, Gott kämpft gegen die Götter, so will das sagen: Gott zwingt dich, im Leben Zusammenhänge zu suchen. Wer sucht, der findet; der Sucher und der Finder sind eins.

DRITTES KAPITEL

DER ALPTRAUM · DIE FRAGE NACH DEM
SINN DES BÖSEN · DAS ZERTRÜMMERTE BILD · SICHON
UND OG · PHARAOS TRAUM UND JOSEPHS
DEUTUNG · DIE 1 UND DIE 4

Wenn wir im Traum etwas ganz Schlimmes erfahren, sprechen wir von einem Alptraum. Was zeigt sich, wenn wir versuchen, eine Verbindung zwischen einer solchen Traumerfahrung und dem Alptraum des wachen Lebens zu finden? Viele Menschen erleben manche Phasen ihres Lebens wie einen Alptraum. Was bedeutet das? Es ist, glaube ich, außerordentlich wichtig, die Frage nach dem Sinn dieses Alptraums, nach dem Sinn dieses Leidens zu stellen.

Alle Antworten auf diese Frage können nicht wirklich befriedigen, denn immer bleibt ja auch die Frage, wozu es einer Erlösung bedarf; doch nur, weil die Welt mit derartig vielen Möglichkeiten des Versagens und Leidens geschaffen wurde, daß dann jemand kommt, der sagt: Jetzt erlöse, tröste ich euch. Warum zuvor das ganze, unermeßliche Leid? Muß erst Qual sein, damit der Erlöser dann um so strahlender auftreten kann? Wir spüren, daß die Frage nach dem Sinn des Leids zur Frage nach dem Sinn der ganzen Schöpfung wird.

Die Realität des Leids zeigt sich im Traum, der Absichten und Täuschungen, die das wache Leben beherrschen, nicht kennt. Ein Alptraum kommt über den Menschen, wie das Leben über ihn kommt. Eine der alten Mitteilungen sagt, daß gerade die Ruhigen, Guten und Gerechten — die Zaddikim — von bösen Träumen heimgesucht werden. Auch die also, die während des Tages weder etwas Böses tun noch erleben, tragen das Leid der Welt.

Man träumt z. B., daß man in einen Abgrund fällt und immer tiefer und tiefer stürzt —, aber man erwacht dann immer. Darin liegt schon eine Antwort: Jeder schlimme Traum hat das Erwachen, in dem man wieder einer anderen Welt gegenübersteht, in der es das Fallen nicht mehr gibt. Das Fallen gehört nur zur einen Seite, die andere Seite hat es nicht. Wenn man während des Wachseins bei Tage fällt und fällt, also sehr krank und unglücklich ist, kann man in der Nacht sehr schöne und beglückende Träume haben. Gerade von Menschen, die in Gefängnissen oder Krankenhäusern sehr leiden, weiß man, daß sie oft beglückende Träume haben oder herrliche Phantasievorstellungen. Das Fallen und Stürzen im Wachsein hört dann auf, die andere Seite hat es nicht mehr. Immer zeigt sich also die *andere* Seite als befreiend. Das *einseitige* — kausale — Erklären endet dagegen unbefriedigend. Es führt zu Theorien, die vieles ausklammern müssen, damit sie überzeugend erscheinen. Befriedigen aber kann nur eine Antwort, die *alles* miteinbezieht.

Der nächtliche Alptraum, wie der Alptraum des wachen Lebens, führt also zur grundlegenden Frage: Wozu dieses Leid? Der Mensch, der während der Wüstenwanderung den Weg in die Freiheit geht, hat die Erlösung aus der Knechtschaft in Ägypten doch schon erlebt. Dennoch ist dieser Weg nach der biblischen Erzählung wie ein fortwährender Alptraum: das Goldene Kalb, die Schlangen, Seuchen. Kein Wunder, daß sich der Mensch nach Ägypten zurücksehnt, wo er leben konnte, wie es ihm gefiel, wo er keine Verantwortung trug. Muß denn der Weg in seiner Entwicklung so sein, daß die Schrecken immer grausamer werden, je näher man dem Gelobten Land kommt? Am Ende des Wüstenzuges liest man von den Kämpfen mit den großen Riesen Sichon und Og. Sie werden zwar besiegt — aber die ungeheure Angst, bis sie besiegt werden! Müssen denn erst Schrecken und Angst herrschen, damit dann Freude sein kann?

Wir wissen, daß Freude nicht vorstellbar ist ohne die Anti-Freude, die Angst, ihr gegenüber. Man könnte aber auch fragen: Brauche ich überhaupt die Freude, wenn doch immer erst und immer wieder Angst ist und bleibt? Warum ist die Welt so eingerichtet, daß das Böse immer da ist?

Solche Fragen führen zu der ganz wichtigen Frage: Kann *ich* daran etwas ändern? Oder von der anderen Seite her: Bin ich es vielleicht selbst, der das Unheil verursacht? Ist das Böse eine gegebene Tatsache, oder trage ich dafür Verantwortung?

Es gibt eine alte Geschichte von den vier Männern, die den Weg ins Paradies gehen. Drei ertrugen es nicht und kamen um. Nur einer, Akiba, kehrt zurück und erzählt davon. Auf dem Weg habe er zu Beginn Gespräche mit sehr vielen, ja unendlich vielen gehabt. Es seien immer mehr geworden. Ihm habe geschienen, es nähme kein Ende und *könne* auch keines nehmen. Aber je weiter er gegangen sei, desto mehr habe es sich zusammengezogen in bestimmte Gespräche und am Ende sei nur noch ein Gespräch mit *einem* gewesen. Dann habe er in den Spiegel geschaut und entdeckt, daß er es selbst war, mit dem er die Gespräche hatte.

Am Ende, wird gesagt, stehst du Gott gegenüber und erfährst, was es heißt, im Bilde Gottes geschaffen zu sein. Du erkennst in Gott dein Gleichnis. Du erkennst jene Einheit, die auch die zwei Cherubim über der Bundeslade verbindet. Die zwei Cherubim, die sich gegenüberstehen, sind doch aus *einem* Stück Gold gemacht; ihr Fundament ist eins. Die zwei Cherubim, die sich ansehen, sind wie das Männliche und das Weibliche, das Verborgene und das Sichtbare, das Positive und das Negative.

Am Ende steht man allem gegenüber und sieht sich selbst. Es wird auch gesagt: Der Mensch leidet eigentlich darunter, daß er seine Verantwortung nicht kennt. Er weiß nicht, daß er es selbst ist, der in seinem Leben Antwort geben muß. Das Leid, das entsteht, ist eine Art Unglaube an seine Bedeutung und Wichtigkeit, daß er allem allein gegenübersteht. Und so macht er sich unwichtig, zerstückelt sich, zieht sich in seine Haut zurück (vgl. S. 27 f.). Die Haut wird seine Grenze und Begrenzung. Das andere ist ihm fremd; er steht ihm zwar gegenüber, es bleibt ihm aber fremd. Das kommt, so heißt es, weil er sich zerstückelt hat. Und das Zerstückeln bedeutet dieses Leid.

Dann kommt der Alptraum, daß alles andere dir fremd ist und daß du in einen Abgrund hinunterfällst. Dieses Fallen in den Abgrund, wie es auch in den Visionen immer gesehen wird, geschieht, weil du dir gegenüber ein Nichts siehst oder zwischen dir und dem anderen das Nichts glaubst. Dieses Zwischen aber — hebräisch »ben« wie »Sohn« — ist nicht Nichts; vielmehr ist da etwas und jemand da. Und das Fallen in den Abgrund kommt, so wird erklärt, weil du das Zwischen und das Leben im Zwischen nicht erkannt hast. Immer spürst du beim anderen das Fremde; und je mehr Fremde du um dich hast, desto größer wird die Vielheit, desto stärker das Nicht-mehr-beantworten-können der Frage.

Vom Bild des Menschen erzählt eine alte Geschichte, daß es ein herrliches, schönes und strahlendes Bild gewesen sei im Ursprung: das Bild Gottes. Dann aber wird dieses Bild zertrümmert, und unzählige Splitter stürzen vom Himmel herab. Das Bild ist verlorengegangen, aber die Splitter spüren in sich die Sehnsucht nach diesem Bild, das sie in aller Schönheit und Harmonie ursprünglich bildeten; daher ihre Sehnsucht nach Vereinigung.

Das ist die Sehnsucht des Menschen nach anderen Menschen. Er möchte sich mit ihnen unterhalten oder irgendeine Art von Kontakt mit ihnen haben. Selbst wenn ein Mensch den anderen quält, ist das Ausdruck dieses Kontaktbedürfnisses. Die Splitter irren solange herum, fährt die Geschichte fort, bis sich zwei gefunden haben, die zusammenpassen. Die schmelzen zur Einheit eines größeren Splitters zusammen, und dieser sucht weiter und weiter. Passen die zwei aber nicht zusammen, dann — so heißt es — stechen die Kanten der Splitter. Das tut weh, und sie stoßen einander ab, weil sie nicht zusammenpassen. Der ganze Weg ist dieses Suchen der Splitter nach ursprünglicher Einheit.

Wer aber ist es nun, der das Bild zertrümmert? Die Überlieferungen aller Kulturen sprechen vom Bösen, bezeugen die Existenz des Bösen. Die heutige Zeit nimmt das Böse nicht so recht ernst; sie spricht von ihm als von etwas Unnützem, das noch nicht genügend analysiert und einem vernünftigen Zweck zugeführt ist.

Das Böse aber ist da, auch im Menschen selbst. Immer gibt es eine Art Stimme, die sagt: Das ist gut oder das ist falsch, böse. Hört der Mensch diese Stimme nicht bei dem, was er anderen antut, so hört er sie um so deutlicher bei dem, was ihm von anderen angetan wird. Da ist sein Unterscheidungsvermögen außerordentlich gut entwickelt.

Immer, so heißt es, hast du im Leben die Aussprache mit dieser Zweiheit; das ist der Bereich der Verantwortung. Wenn du z. B. Nahrung aufnimmst, unterscheidet dein Körper auch zwischen Bekömmlichem und Unbekömmlichem. Er reagiert, gibt Antwort, trägt Verantwortung.

Zum Laien wird vom Bösen etwa so gesprochen: Im Ursprung hat Gott die Welt gut gewollt und gemacht, im Wesen ist sie gut. Das Böse aber war da und hat die Welt stürzen lassen; das Böse ist auch in dir da, läßt dich stürzen und dann kommt dir Leid. Das Ganze ist ein Rätsel, das dir aufgegeben wird: Suche das Böse und bringe es dorthin zurück, wo es im Ganzen der Harmonie vielleicht auch seinen Ort hat.

Wir können uns mit dieser Erklärung nicht zufrieden geben, sondern wollen tiefer schürfen. Die Sehnsucht nach Frieden und Glück, die in jedem Menschen lebendig ist, deutet auf eine Ursituation, die zum Menschen gehört, da er sich sonst gar nicht sehnen könnte. Gleichzeitig aber ist im Menschen das da, was man das Zerstörende nennt, weil es keine Situation dauern lassen will. Selbst wenn ihm Gutes widerfährt, meldet sich das Zerstörende gleich und sagt: ›Aber morgen oder nächste Woche oder irgendwann wird's wieder übel sein.‹ Immer bringt sich der Mensch Momente vor Augen, in denen das Gute, das er hat, zerstört ist. Man könnte auch sagen: Er träumt sich dieses Zerstören, und während er es träumt, lebt er es. Dieser Wachtraum ist sein Leben, er läßt nicht davon.

Man sagt deshalb: Wenn du dir das Zerstörende vorstellst, bist du besessen, d. h., das Dämonische ist bei dir da und bewirkt das, was mit dem Bild im Anfang geschah. Du hast jetzt einen schönen Tag und bist glücklich, da kommt dir — bewußt oder unbewußt — der Gedanke, daß du z. B. morgen einen unangenehmen Besuch erwartest — und schon ist dir, wie man so sagt, ›der Tag verdorben‹.

Das ist das Dämonische, daß man *immer* etwas hat, was man sich vorstellen kann; es läßt das Ganze nicht ganz, sondern sucht Möglichkeiten, es zu zertrümmern. Bei jedem Menschen spielt es sich so ab. Wir spüren, daß es zum Menschen gehört, daß es menschlich ist.

Am Ende des Weges, nahe der Grenze zum Gelobten Land, steht der Mensch also den Riesen Sichon und Og gegenüber. Will man dieses mythische Bild in eine zeitgemäße Vorstellung übersetzen, so könnte man von einem Computer sprechen, dem auf eine Weise das Böse einprogrammiert ist, daß er dir unwiderlegbar beweisen kann: Das Böse ist das einzig Wahre. Dem stehst du gegenüber. Deine Auseinandersetzung dort ist so stark, daß sie sogar noch anhält, wenn du über der Grenze bist, im Land bist, nach der 7 mal 7 die 50 erreicht hast; dem Joschua, heißt es, erschien plötzlich ein Engel und sagte: ›Geh von deinen Schuhen herab!‹ Und Joschua fragt tatsächlich: ›Bist du ein Freund oder ein Feind? Bist du gut oder böse?‹

Die Antwort ist gar nicht eindeutig. Er sagt: ›Auch du wirst am Ende sehen, daß das, was du gut und böse nennst, eine Einheit ist. Du wirst dich selbst mit *beiden* Seiten erkennen, der guten und der bösen, du wirst dich ganz erkennen.‹ Dann, wird gesagt, hat das Böse seinen Ort gefunden, ist nicht mehr ausgeschlossen aus der Welt, kann nicht mehr das Ganze zertrümmern.

Die Geschichte vom ganzen Bild des Menschen, das herabstürzt und zersplittert, ist eine immerwährende. Jedesmal, wenn du *in* diesem Bild bist, also glücklich bist, Frieden hast — dann zertrümmerst du es wieder mit deiner Frage, deiner Sorge. Du kannst nicht ertragen, daß es ganz bleibt, und vernichtest es. Wie Leute oft sagen: ›*Jetzt* geht es mir schon gut, aber ich bin überzeugt, daß die Depression wieder kommt.‹ Ja, dann kommt sie auch;

denn wenn du davon überzeugt bist, läßt du das Bild nicht ganz, zertrümmerst den Moment, den du hast. Selbst wenn du dir vorstellst: ›Ich erlebe das Glück, aber es ist nur ein Moment‹, zertrümmerst du schon, denn du verbindest den Moment nicht mit dem Ganzen. Du könntest den Moment ewig machen, aber du zweifelst.

Im Matthäus-Evangelium (14, 22-33) wird erzählt, wie Jesus auf dem Wasser des Sees wandelt. Das will sagen: Er geht über die Zeit, versinkt nicht in der Zeit. Petrus kommt ihm entgegen; plötzlich wundert er sich, daß er *über* der Zeit ist, und sobald er sich nur anfängt zu wundern, versinkt er auch schon. »Kleingläubiger«, sagt Jesus. Du hast den Moment, in dem du über der Zeit stehst, den Moment, den du ewig machen könntest — und zertrümmerst ihn.

Öffnet sich nicht hier der Bereich der Verantwortung? Spürt man nicht, daß man den Elementen gar nicht so hilflos ausgeliefert ist, wie man sich oft einredet? Wir wissen doch vom Zusammenhang zwischen Vorstellung und Wirklichkeit. Man traut sich Verantwortung nicht zu, hält sich für (und wird damit) unwürdig — und könnte als Mensch doch so groß sein.

Verantwortung heißt: Ich suche die Antwort und bleibe nicht bei der Frage stehen, wo niemals Antwort sein kann (= »scheol«, Hölle; s. S. 73). Verantwortung bedeutet: Das Ganze, das bin ich.

Wir aber benehmen uns nicht nach dem Ganzen, benehmen uns wie Kinder voll Trotz, die immer Argumente suchen. Argumente aber zerreißen, zerstören. Es gibt eine teufliche Freude an Argumenten. Im Bild des biblischen Hiob erleben wir dagegen den Menschen, der mit seinen Fragen zum Ganzen kommen will. Die Antworten und Argumente seiner drei Freunde können ihn nicht befriedigen. Er geht den Weg weiter und gibt sich nicht zufrieden. Hiob — das sind wir selbst, Antwort suchend, Verantwortung tragend.

Ist, wenn ich in Gottes Bild bin, nicht alles auch abhängig von mir und meinem Tun? Der Moment jetzt ist genau so wichtig wie die Ewigkeit, ja, *ist* Ewigkeit. Muß nicht, wenn ich der Eine bin und Einheit in mir lebt, das Jetzt geschehen? Sage doch nicht: ›Irgendwann werde ich es tun‹, sondern spüre: »Wenn nicht jetzt, wann denn? Und wenn nicht Du, wer denn?« Das sind große Fragen der Überlieferung, wörtlich gleich im Hebräischen wie im Sanskrit. Du bist am Ende des Weges doch alles; alle Begegnungen — das warst du doch selbst. Warum also nicht jetzt? Warum also nicht du?

Ich will nun einen klassischen Traum aus der Bibel besprechen und zeigen, wie er sich mit dem Ganzen des Lebens verbindet, wenn man ihn nicht, wie das so oft geschieht, zertrümmert, indem man sagt: ›Das *war* einmal vor Jahrtausenden‹, oder:

›Historisch war das so und so‹. Es ist der bekannte Traum Pharaos von den sieben fetten und den sieben mageren Kühen (1. Mose 41), den ich vom »ewigen Leben« her besprechen will, so daß wir ihn jetzt auch erleben können. Dem Pharao träumt also von den sieben fetten und schönen Kühen. Dann kommen in seinem Traum die sieben mageren und häßlichen Kühe und fressen die sieben fetten, bleiben aber genau so mager und häßlich wie vorher. Dann erwacht Pharao.

Er hatte, können wir sagen, einen Alptraum. Alles ist schön und gut im Leben. Da kommt plötzlich das Andere und zerstört es. Aber, anstatt daß das Zerstörende nun auch fett und glücklich wird, bleibt es danach genau so häßlich wie es kam. Offenkundig hat das Böse eigentlich keine Freude am Bösen — vielleicht Lust — aber keine Freude. Es bleibt mager und häßlich, und vielleicht, könnte man sagen, würde der Pharao daran sterben, wenn er nicht erwachte. Zum Glück erwacht er und sieht: Es war ein Traum. Er sieht aber und spürt die Dualität, das Gute und das Böse, — und es gibt keine Antwort. Das Böse ist da, endgültig, und der Traum schließt mit dem Bösen, wie das Leben mit dem Tod schließt.

Was meint im Traum das Bild der Kuh? Das hebräische Wort für Kuh ist »phar«; es bedeutet auch »Entwicklung«, »Fruchtbarkeit«. Der Name Pharao zeigt den Zusammenhang; es wundert nicht, daß Pharao von Kühen träumt. Kühe bedeuten also »Entwicklung«. Pharao sieht in seinem Leben eine Zweiheit. Er sieht, daß ihm die Entwicklung vieles verspricht und gibt, er sieht aber auch in seinem Leben, daß immer das Böse kommt und das Gute frißt — das Gute gewissermaßen zertrümmert, wie ihm das auch der Paralleltraum von den sieben fetten und den sieben mageren Ähren zeigt.

Das Schlimme zerstört in uns die Freude am Guten, das wir genießen. Immer kommt das Andere; man kann es verdrängen, aber es kommt. Es heißt, daß der Pharao dann alle Traumdeuter zusammenruft und sagt: ›In meinem Leben (nicht nur im Traum!) sehe ich das. Ich bin König. Keiner ist über mir. Ich werde von Ägypten wie ein Gott anerkannt. Und dennoch sehe ich am Ende das Böse. Und es gibt keine Antwort. Meine Vorfahren sind mit dem Totenschiff fortgefahren. Ich liebe das Leben mit seiner Wärme hier, mit Sonne und Mond. Aber alles geht weg hier, alles verschwindet. Jeder Moment geht weg.‹ — Die Deuter, wird erzählt, können ihm nicht antworten. Sie begreifen auch den Traum nicht, weil sie, wie es heißt, sich nur auf eine Antwort des Entweder-Oder verstehen. Sie sagen: ›Denk nicht an das Böse, halte dich an das Gute.‹ Er aber sagt: ›Nein, diese Deuter ertrage ich nicht, denn das Böse ist doch da.‹

Die alten Mitteilungen sagen: Wo die Zweiheit sich zeigt, gibt es keine Erklärungen — bis Joseph auftritt. Der Name Joseph bedeutet: »Es komme noch einer nach dir!« Damit ist der Messias gemeint, der Sohn von Joseph; der Messias in der Zweiheit der erscheinenden und verborgenen Seinsart. Damit wird angedeutet: Im Menschen, in seiner Erscheinung, ist schon etwas, das darauf hindeutet, daß diese Erscheinung sich selbst erkennen wird im Sinne des: Es war kein Unterschied zwischen mir und der Welt, das Ganze war ich; Geben und Empfangen (im Hebräischen das gleiche Wort!) ist dasselbe; es gibt keine Trennung zwischen Subjekt und Objekt, es ist eins; am Ende sieht man: Alles hat sich verbunden. Und dieser Eine, der sich im Spiegel erkennt, sieht sich dann eigentlich Gott gegenüber.

Der Name Joseph meint: Der Mensch, der hier geboren wird, wird einmal das »Tat wam asi« (»Das bist du«) erfahren; wird erfahren, daß er selbst göttlich ist. Der Unterschied, die Fremdheit zwischen dir und den anderen war nur ein zertrümmertes Bild; eigentlich ist kein Unterschied. Mit »Joseph« wird gesagt: Du wirst sehen, es kommt ein Moment — das ist der ewige Moment —, wo du erkennst, wer du bist. Der Messias, Sohn des Joseph, ist nicht irgendeine historische Figur, die kommt und geht; der Messias ist immer da, auch wenn die Welt zertrümmert ist. Einer ist immer da, der nicht zertrümmert ist. Man kann es nicht analysieren, denn im selben Moment, in dem man mit dem Analysieren beginnt, zertrümmert man es.

Dieser Joseph also wird vor den Pharao gerufen. Er ist, wie man sagt, ein »Iwri«, ein Hebräer, »von jenseits« — so die Übersetzung aus dem Hebräischen. Er ist ein Mensch, der hier erscheint, aber von jenseits herkommt. In seiner Erscheinung vereinigt er beide Seiten, beide Wirklichkeiten. Die Überlieferung berichtet, daß Joseph sich den Traum des Pharao gar nicht erzählen zu lassen braucht. Er kennt ihn schon, kennt schon die Qual des Menschen, die Frage von Leben und Tod, gut und böse. Und die Fragen: Wozu das Böse? Wozu sind die häßlichen Kühe gekommen und haben das ganze Weltbild zerstört? Warum geschieht das Zertrümmern in jedem glücklichen Moment des Lebens?

Fortwährend sind die Kühe da, deshalb sind es 7. Die Zahl 7 bedeutet unsere Welt, die Welt, in der wir uns bewegen, den Weg haben, *da sind* in Zeit und Raum. Die 7 im Absoluten findet ihre Entsprechung hier in der Bewegung. Hier ist die Zahl sonst unwichtig, es ist eine Entsprechung.

Der Pharao spürt in der Bewegung, die Zeit und Raum ist, etwas Unerträgliches; er spürt, daß da immer Leid ist. Es heißt, daß der Mensch vollkommen Recht hat, wenn er sagt: ›Dieses Leben hier ist unerträglich, es gefällt mir gar nicht.‹ Denn das Leid besteht, ist eine Realität. Die Haltung des Stoikers, der so tut, als gäbe es das Leid nicht, ist unwahr; ebenso unwahr ist, wer nur der Lust lebt und sich damit betäubt.

Die 7 Kühe, die 7 Ähren sind — so Josephs Deutung — 7 Jahre. »Jahr« ist im Hebräischen identisch mit »Schlaf«, bedeutet also »Änderung«, »Wiederholung«. Das Bild der Kühe im Absoluten zeigt als Entsprechung hier, daß Jahre sind, Zeit ist, Änderung ist, Neues kommt, Wiederholung ist. Vom Fetten, Guten, sagt Joseph, bewahre auf für das Magere, Böse. Und er teilt das Ganze in fünf Teile: 1 Teil von den fünfen wird aufbewahrt, 4 Teile sind Geschenk zum Nehmen.

Wir finden hier die 1 und die 4 wieder, ein Verhältnis, auf das wir immer wieder stoßen (vgl. F. Weinreb »Zahl, Zeichen, Wort«, Hamburg 1978). Die 1 ist im Menschen die Seite vom Baum des Lebens, dort sind Diesseits und Jenseits *eins;* die 4 ist im Menschen dasjenige, wo nur das Diesseits gilt. Die 4 ist das Experimentierfeld für die Wissenschaften. Die 4 Elemente — das ist die Welt, mit der wir zu tun haben.

Wir nun trennen, wie erzählt wird, die 4 von der 1. Der Mensch nimmt die Axt und zertrennt die Wurzeln, die den Baum des Lebens mit dem Baum der Erkenntnis verbinden. Das ist die »Sünde« des Menschen.

Diese 1 ist die Quint-Essenz (von lateinisch quintus, der fünfte), mit der die Alchimisten das Gold suchen; es ist das fünfte Element, welches das große Geheimnis genannt wird. Als fünftes steht es den anderen vier gegenüber, ist außerhalb der Reihe der vier.

Im 13. Kapitel des Matthäus-Evangeliums (Vers 53-57) staunen alle, als Jesus gewaltige Weisheiten erzählt. Dann aber sagen sie: ›Ist er nicht der Sohn eines Zimmermanns? Heißt seine Mutter nicht so und so, hat er nicht vier Brüder, die so und so heißen?‹ Sie sehen ihn — könnte man sagen — als fünften in der Reihe seiner vier Brüder und nehmen, wie es heißt, »Anstoß« an ihm. Jesus aber ist nicht einer unter vier, sondern ist wie die 1 *gegenüber* der 4.

Der Begriff der »Hartnäckigkeit« meint, daß die 1 und die 4, das Haupt und der Rumpf mit den Gelenken eine kontinuierliche Einheit bilden, daß aber das Gelenk, das auf eine 1 der 4 gegenüber zeigen müßte, hart ist, also ungeschmeidig. Haupt und Rumpf aber sollen durch das Gelenk getrennt und doch verbunden werden, der Nacken geschmeidig sein, der Kopf soll nicken können.

Joseph sagt: ›Nimm die 1 — die 1 *jedes* Geschehens, in der beide Welten sich verbunden haben — und bewahre sie auf. Laß diese 1 *sein* bei dir und habe sie für den nächsten Moment, dann wirkt das Magere nicht.‹

Man ist glücklich. Dann aber kommt etwas, das verletzt, und man ist ganz durcheinander. Vielleicht hat man dann diese 1 aus dem Moment des Glücklichseins nicht aufbewahrt. Bewahrt man sie auf, erfährt man die Verletzung auch; aber es ist dann doch auch eine Freude dabei. Man reagiert auf die Verletzung ganz anders, die 1 bewirkt sozusagen eine Erleichterung. Eine Verletzung kann von einem anderen Menschen oder von der Welt kommen; man kann krank werden, sich das Bein brechen oder der Zug fährt einem vor der Nase weg. Wie reagiert man? Bekommt man gleich eine Herzattacke? Oder bleibt man gelassen? Gemeint ist hier nicht die erzwungene, eingeübte Ruhe, sondern die Gelassenheit, die aus dem absichtslosen Verhalten des Menschen kommt.

Wann ist der Mensch sozusagen unverletzlich? Wenn er von der Einheit 1-4, die ihm in guten Momenten kommt, die 1 aufbewahrt. Die 4, heißt es, laß gehen, die brauchst du auf dem Weg, die ist nicht wichtig, weil wir auf dem Weg doch vorübergehen. Akiba erzählt, daß ihm der Engel auf seinem Weg durch die 7 mal 7 Hallen — diese Welt — sagte: ›Wenn du jetzt eine glückliche Erfahrung, eine große Begegnung hast, so nimm das Eine von den fünf, nimm die Quintessenz davon und bewahre sie auf. Sei nicht undankbar und sage nicht: Alles geht vorüber, alles ist vorbei, auch dieser Moment. Erkenne vielmehr, daß ein großes Wunder geschehen ist. Nimm es, bewahre es bei dir, denn schon im nächsten Moment brauchst du es.‹

Man begegnet vielen Wundern, 7 »fette« Jahre lang, also das ganze Leben hindurch, denn man durchschreitet, wie es heißt, 7 mal 7, also 49 Hallen. Das Aufbewahren der 1 ist *Dank*. Dank bedeutet auch eine Erkenntnis, hat vielleicht gar mit unserem Denken zu tun. Eine Erkenntnis, die ich durchdenken und mir kausal, logisch in meiner Welt vorstellen kann. Das ist etwas ganz Großartiges: Ich bewahre es auf und zertrümmere es *nicht*, wie der Satan mir einreden möchte.

So unendlich viele Momente sind deshalb auf dem Weg, damit der Mensch die 1-4 als Grundstruktur begreifen und anerkennen kann. 1-4 ist die Zahlenschreibweise des hebräischen Wortes »ed«, das mit »Dunst«, der vom Erdboden aufsteigt, übersetzt wird und am Beginn der Schöpfungsgeschichte steht. Dann wird der Mensch, »adam«, gebildet, in Zahlen 1-4-40. Dann ist von einem Fluß die Rede, der sich in vier Flüsse teilt: wieder 1 und 4. Dann kommen der Baum des Lebens und der Baum der Erkenntnis im Verhältnis 1-4 (vgl. F. Weinreb, »Der göttliche Bauplan der Welt«, Zürich 1965). In allem ist die Grundstruktur erkennbar. Die 1 ist nicht erklärbar; sie bleibt dir im Glauben, in der Freude, im Dank. Die 4 sollst du erklären, bis zur Grenze des Möglichen.

Drei Freunde hat Hiob und den vierten, Elihu, die *erklären* bis zum Ende. Hiob aber kann durch Erklärungen nicht befriedigt werden. Die vier geben ihm auf seine Frage, warum das Böse ist, warum Gott den Satan ihm zur Peinigung schickt, alle möglichen Erklärungen — aber nicht *die* Antwort. Die Antwort der 1 aber kommt, wo Gott selbst im Sturm sich kundgibt. Für unsere Logik ist diese Antwort unverständlich, zumal von allerlei Fabeltieren die Rede ist. Für Hiob aber ist es eine Art Erleuchtung. ›Jetzt erst!‹, sagt er, ›hat mein Auge gesehen, hat mein Ohr gehört. Jetzt erst verstehe ich.‹

Die Antwort der 1 ist in *jedem* Menschen da, wie Hiob in jedem Menschen existiert. Wenn der Mensch das Zertrümmern, den Undank, nicht hat, sondern wenn er *annimmt,* dann zeigt sich, daß er *gibt.* Geben und Nehmen ist das gleiche. Er versteht dann erst, was ist.

Vom Pharao wird gesagt: Er hat eingesehen, daß er Joseph in sein Leben einlassen muß. Er macht ihn zum Herrscher mit dem Namen »Zaphnat-Paneach«. Das ist ein sehr wichtiger Begriff in der Kabbala, vor allem dort, wo vom Träumen die Rede ist. »Zaphun« bedeutet »Sicht« in der Art, wie ein Prophet sieht, nicht ein Sehen der Bilder, wie wir sehen. Eher eine Erfahrung, könnte man sagen. In allen Momenten, wo Dinge kommen, wo Alternative ist, sieht er die Einheit der

Alternative. Er trennt nicht, indem er das Böse verdammt, sondern er sieht es und gibt ihm seinen Ort.

Der neue Name, den Joseph erhält, befähigt ihn, die Welt der Entwicklung zu führen und zu schützen. Pharao sagt ihm: ›Du wirst in meinem Land, in meinem Leben, in meiner Welt diese Einheit bewahren.‹ Es bedeutet, daß dieser Joseph in *jedem* Menschen die Einheit bilden kann.

Weder Erziehung noch Übung ist in der Lage, diese Einheit zu finden. Vielmehr ist es ein Weg, auf dem nur die plötzliche, direkte, momentane Entscheidung spielt. Es ist wie der Flügel des Engels: ein »Winkel«, nicht ein Kontinuum. Keine langsame Entwicklung, sondern jetzt das und im nächsten Moment das ganz Andere. Mit Übung erreichst du es nie, drehst dich nur im Kreis.

Daher soll man von Gewohnheiten beim Menschen sagen: ›Und von *jetzt* an nicht mehr!‹ Das »Abgewöhnen« geht nicht, sondern nur das Abjetzt-nicht-mehr oder das Ja-ab-jetzt, je nach der Art der Gewohnheit.

Jeder hat im Leben das Fette, das Gute. Diese Momente erkenne er als ewig. Dann ist er nicht zu verletzen. Gewiß, Schläge können ihn treffen, er wankt, aber gleich steht er wieder. Auch der Tod kann ihm nichts anhaben, denn er hat eine Erkenntnis, die tiefer wurzelt als der Tod. Daher hat »chajim«, das Wort für Leben, den Charakter der

Doppelheit: das Horizontale, das wir kausal erklären können, und das Vertikale, das von der ganz anderen Seite herkommt.

Tod, hebräisch »met«, schreibt sich 40-400; es zeigt: Nur das Vorübergehende bedeutet Tod, jeden Moment stirbt der Mensch, denn der Moment geht vorüber. Der vorige Moment ist schon gestorben, ist nicht mehr da. Tod ist immer dann da, wenn der Mensch in 40 und 400 lebt, wenn er in der Zeit ertrinkt. Steht er dagegen über der Zeit, ist Leben, »chajim«, das Doppelte. Der Mensch, »adam«, 1-4-40, schreibt sich deshalb mit der 1; ohne die 1 heißt es nur Blut, »dam«, 4-40. Wahrheit, »emet«, 1-40-400, wird auch mit der 1 geschrieben; ohne die 1 heißt es Tod, »met«, 40-400.

Immer wieder zeigt sich, daß die Einheit *im* Menschen lebt. Eine Art destruktiver Wille des Menschen mag den Moment 1 nicht anerkennen, sondern sagt: ›Ach, der *eine* ist wie die 4 anderen.‹ So heißt es dann in Matthäus 13, 58, daß Jesus dort, wo er in eine Reihe mit seinen vier Brüdern gestellt wird, keine Wunder vollbrachte. Es bedeutet: Dem Menschen, der die 1 auf die Ebene der 4 hinüberzieht, geschieht kein Wunder, geschieht nichts, dem ist es langweilig.

Wenn du die 1 nicht aufbewahrst, nicht dankbar bist, daß die Momente in deinem Leben da sind, und damit sie ewig machst, — dann wirst du immer zu verletzen sein. Ist die Einheit aber da, bist du nicht mehr zu verletzen. In diesem Zusammenhang könnte sich auch ein neuer Blick auf Gestalten der griechischen (Achilles) und nordischen Mythologie (Siegfried) ergeben.

Die Einheit kannst du *immer* erfahren, aber auch *immer* zertrümmern. Und geschieht das Zertrümmern auch nur so, daß ein winziges Stückchen herausfällt — diese Öffnung wird der Feind finden, er lauert darauf, und will eindringen mit seinem Speer, mit Gift, mit seinem Geist.

Deshalb wird gesagt, daß Dankbarkeit beim Menschen bedeutet: Verewige es, laß nicht zu, daß es zertrümmert wird, und sei dankbar in jedem Moment. Dann wird es dir zur Natur. Die bösen Träume suchen daher immer gerade den Menschen, der nicht zu verletzen ist; da möchte das Böse die Öffnung finden.

Wenn man von solchen schrecklichen Alpträumen aus der Nacht hört, sagt man: Am Ende des Weges stehen Sichon und Og — und werden besiegt! Leiden, Alpträume im Leben wie im Traum können nur auf diese Art Antwort finden.

Die Verantwortung des Menschen geht so weit, daß er für das Böse verantwortlich ist. Wenn er zertrümmert, ist das Böse da; und er wird am Ende des Weges sehen, daß er es selbst gebracht hat. Das ist sein Gefühl der Schuld, auch der Verantwortung, daß das Böse da ist.

VIERTES KAPITEL

DIE VERANTWORTUNG · TAG UND NACHT
ALS EINHEIT · DIE SCHLAFLOSIGKEIT · JAKOBS TRAUM · DER
SELBSTMORD · DIE ERDE KOMMT DIR ENTGEGEN

Die große Frage — vielleicht *die* Frage überhaupt —: Wozu ist das Leid? fordert dazu
heraus, immer weiter zu gehen, um vielleicht doch
einer Antwort näher zu kommen. Welchen Sinn
hat es, von Erlösung zu sprechen, wenn vorher
erst das Quälende ist und Elend? Warum bringt
die »Allmacht« Gottes erst das? Warum ist nicht
gleich Erlösung? Warum die Finsternis und das
Nichtwissen im Leben?

In der Regel neigt man dazu, das Böse als gegeben hinzunehmen und zu sagen: ›Die Welt ist
nun mal so, schauen wir, ob wir da wenigstens etwas korrigieren, besser machen können.‹ Man versucht, das zu bekämpfen, was schon als Gegebenes
in der Welt da ist. Es gibt Kriege — wir versuchen,
sie ein wenig zu verhindern; es gibt Krankheiten
— wir versuchen, sie ein wenig einzuschränken; es
gibt den Tod — wir versuchen, ihn ein wenig zu
erleichtern. Fortwährend hat man etwas sich gegenüber, das man als Gegebenes nimmt, und be-

täubt sich dann, indem man versucht, die Folgen dieses Negativen so wenig peinlich, so wenig erschreckend wie möglich in Erscheinung treten zu lassen.

Aber der Mensch, der hört, daß Gott die Liebe ist, fragt sich doch unwillkürlich, warum dann das ständige Elend ist und woher es kommt. Wozu die vielen Überlegungen und Theorien, die es dann doch als Liebe und nicht so schlimm erklären?

Wer die grundlegende Frage nach dem Sinn des Bösen nicht stellt, dem, so nehme ich an, stellt sie sich von selbst auf andere Art. Vielleicht so, daß man gleich zum Schluß kommt: Es gibt gar keine Antwort; alles geht eben so, meist schief, und es gibt überhaupt nichts, das alles lenkt. Trostworte — diese Folgerung liegt dann nahe — sind für die, welche ohne diese Einbildungen nicht leben können.

Die Frage nach dem Leid ist derart grundlegend, daß man wahrscheinlich meistens Angst hat, sie zu stellen. Stattdessen sucht man Auswege und sagt: ›Wenigstens will ich doch im Leben meine Lust haben und möglichst viel Lust, da bin ich hart, das lasse ich mir nicht nehmen.‹ Ein anderer Ausweg ist, daß man sich eine Art Theologie konstruiert und sagt: ›Alles ist schon gut, nur der Mensch sieht es nicht. Der Gute wird doch belohnt, und die Bösen bekommen Strafe.‹ Man fängt an zu berechnen, daß es stimmt.

Unser Thema ist das Träumen und Wachsein; wir könnten versuchen, von da her einer Antwort auf die Frage nach dem Sinn des Leids näher zu kommen. Wir sprachen schon vom Alptraum. Manche Phasen im Leben sind wie ein Alptraum. Aber wir sahen auch, daß es nach dem Alptraum immer ein Erwachen gibt. Wir sprachen von Verantwortung und dem Zusammenhang mit dem Begriff Antwort. Das Wort ist das Hinausgeworfensein in die Welt, das Wort wird »Fleisch«, also »Botschaft«, wird materiell, wird *Weg* vom Hause fort in die Welt hinein. Und Antwort ist, sagten wir, Rückkehr, »teschuwa«, also das Gegen-Wort.

Eine Frage verlangt eine Antwort. Der Mensch, geworfen in die Welt, ist Frage. Das ganze Leben ist Frage. Es ist unsere Aufgabe, diese Frage zu stellen. Das zu vermeiden, ist Faulheit, die das Leben beschränkt, unglücklich macht, denn Beengung bringt Angst. Das Wort ist wie das Geworfen-werden-in-die-Welt, ist die Frage, die bis zuletzt gestellt bleibt, bis zum letzten Atemzug.

Verantwortung wird in der Überlieferung merkwürdig skizziert. Man sagt, die Verantwortung des Menschen — bei seiner Rückkehr — schaut zurück: Woher komme ich? Was ist das Fundament meiner Herkunft, das Haus des Vaters, das Haus meines Ursprungs? Wer bin ich? — Der Weg des Menschen geht also auch *zurück*, ist nicht nur ein Geworfensein in die Welt *hinein;* es ist ein ebenso zähes, kämpferisches Zurücksuchen, ein Entgegen-gehen. Nie gibt es den einseitigen Weg im Sinne von: ›Wenn ich zurückkehre, dann habe ich den Weg zurück und lasse das Geworfensein den anderen.‹ Das gibt es nicht. Du atmest weiter, es lebt sich bei dir weiter, du wirst weitergeworfen. Ein neuer Tag wirft dich neu in Zeit und Raum hinein. Wieder mußt du Antwort suchen. Es gibt kein Ende.

Immer ist die Gefahr da, sich zu betäuben: ›Ich habe Trost, Liebe, ein Bankkonto, ein Haus und ich danke Gott.‹ Und die anderen, die kein Haus haben, und schlimm dran sind, — wer dankt dort? Ja, vielleicht sagen die: »Gott hat's gegeben, Gott hat's genommen . . .« wie Hiob es auch sagt; aber gleich danach lehnt Hiob sich auf: ›Das habe ich schön gesagt, aber es stimmt *hier* gar nichts, es geht hier böse und schlimm zu.‹ Das ›Danken-wir-Gott, uns-geht's-gut‹ kann wie Opium sein. Täuschen wir uns nicht: Die Auflehnung, das Gegen-Wort dauern bis zum Ende.

Auf dem Weg hat der Mensch, wie wir schon sagten, Begegnungen — nicht nur mit Menschen, auch mit Dingen, auch mit Geschehen. Diese Begegnungen zeigen, je weiter man geht, ein Zusammenfassen. Wie man auch beim Älterwerden merkt, daß von den vielen Menschen um einen herum immer weniger da sind, die wirklich mit uns zu tun haben. Am Ende sieht man vielleicht, daß sich die ganz wenigen zum Einen zusammenfügen. In diesen Immer-weniger-Werdenden, diesen Übrigbleibenden, faßt sich das Andere zusammen.

Wer liebt, sagt zum Geliebten: ›Bei dir habe ich alles, mit dir kann ich von allem sprechen, bei dir erfahre ich alles, erlebe alles.‹ Andere Begegnungen braucht man nicht, alles faßt sich in der einzigen Begegnung zusammen. ›Wenn du einen anderen brauchst, dann bedeutet es, daß ich nicht die letzte Begegnung bin, daß es noch anderer Begegnungen bedarf.‹ Es ist dann eine Enttäuschung, daß ich nicht genug war für die Begegnung.

Am Ende steht dir hier Einer gegenüber, der Mensch, mit dem du dich schließlich vereinigen kannst. Nicht auf Zeit, sondern eine Treue ohne Zeit, weil man spürt, daß die Begegnung wirklich da ist. Für die alles enthaltende Begegnung läßt sich keine Definition geben; es gibt kein Empfinden dafür, *wer* die endgültige Begegnung ist.

In der Vereinigung sieht man sich einem Anderen gegenüber; es heißt, man sieht sich dann Gott gegenüber, dem Himmel gegenüber. Man sieht sich, seine erscheinende Gestalt, zu seinem Erstaunen im Bilde Gottes. Ich will nicht sagen, daß man sich selbst sieht; man sieht seine andere Seite und erkennt, daß man selbst *und* die andere Seite erst die Einheit sind. Man begreift dann das »im Bilde Gottes« so: Im Gegenüberstehen erkenne ich, daß zwischen mir und ihm fast kein Unterschied ist, wie es auch in den alten Sprachen zwischen Subjekt und Objekt keinen Unterschied gibt. Es ist eine Einheit geworden; was du siehst, das bist du auch. Es steht dann das, was du siehst, nicht mehr fremd, getrennt, gespalten gegenüber, sondern es ist eins mit dir. Daher kann man zu Gott »Du« sagen; »Du« bedeutet: Alles, was in allem enthalten ist, ist dort da; aber auch bei mir. Ich spüre nun, daß ich eigentlich mit Gott bei Gott bin, ein Kind Gottes bin.

Verantwortung wird so erklärt: Geht etwas schief in der Welt, bist du nicht selbst schuld daran? Wo bist du dann? Wenn du am Ende dort bist, bist du nur dort, damit du empfängst? Wo gibst du? Wie kann Empfangen sein ohne Geben? »Kibel«, »kabbala« — im Hebräischen ist Geben und Empfangen das gleiche Wort. Wie kannst du sagen: ›Ich empfange nur, er hat die Verantwortung, er soll es gut machen?‹ Wenn du den Weg gehst — wer hat die Verantwortung? Du. Du bist er, und er ist du — hier gibt es keinen Unterschied mehr. Wenn Gott sagt: »Ich mache den Menschen in meinem Bilde«, dann ist das keine Phrase, sondern wirklich, buchstäblich so. Und wenn die Schlange zum Menschen sagt: »Wenn du issest, wirst du wie Gott sein«, so ist das auch keine Phrase. Wären es nur Phrasen, könnte man sagen: ›Laß die Menschen halt im Paradies.‹ Aber Gott sagt: Der Mensch soll jetzt heraus, er *wird wie ich* auf diesem Weg.

Etwas gibt es hier, wodurch eine Welt zusammenstürzt. Daher geht die Verantwortung des Menschen sehr, sehr weit. Eine alte Mitteilung sagt: ›Die Welt ist in Liebe erschaffen und gut, aber der Mensch zerbricht's.‹ Eine solche Mitteilung erscheint uns »primitiv«. Kein Mensch möchte doch die Liebe oder das Gute zerbrechen. ›Wo und wann zerbreche ich denn? Gib mir eine Chance und ich werde genau aufpassen, daß es nicht zerbricht, ich werde es gut hüten.‹

Verantwortung heißt eben: ›Hast du es zerbrochen?‹ Ist deine Verantwortung so, daß du wirklich Antwort verlangt hast? Und bist du im Verlangen nach Antwort so weit gegangen, daß du Antwort bekamst? Es ist nämlich etwas zerbrochen. Wer hat es zerbrochen? Das eben ist die Frage, die wir uns zu stellen haben, sonst bleibt der Alptraum bei uns. Woher kam es, daß es zerbrochen ist? Wo bin ich beim Zerbrechen dabei? Ich akzeptiere nämlich nicht, daß irgend jemand es vor Jahrtausenden zerbrochen hat und die Schuld vererbt wird. Genug, daß wir für unsere eigene Schuld nichts können — warum dann gar für eine Urschuld?

Gott selbst sagt: Das Böse, was einer tut, vergelte ich noch nach drei bis vier Generationen. Das bedeutet: Wenn einer Böses tut, dann kommt dabei das Böse, das vor drei bis vier Generationen geschah, auch mit. Eine solche Schuld ist für uns unverständlich. Aber das Gute — so heißt es —, das du tust, bringt das Gute von Tausenden Generationen mit; die Verbindung zum Ursprung ist dabei lückenlos.

Es ist doch nicht zu akzeptieren, daß jemand einmal gesündigt haben soll und wir nun voll mit Bösem in die Welt kommen. Das kann nicht stimmen. Das ist eine Ausrede, ein Versuch, die Welt kausal zu erklären. Es ist derselbe Zwang, der immer »Schuldige« suchen läßt, was auch in der Welt geschieht.

Nach der Überlieferung war König Saul ein guter Mensch, groß und schön im Innern wie im Äußern. Er stand über allen. Einmal hat er Mitleid gehabt. Es war, als ihn Agag, der König von Amalek, anflehte: ›Laß mich leben, ich bin ja dein Gefangener.‹ Saul hat ihn nicht getötet. Deshalb, so wird erzählt, wurde ihm das Königreich genommen. — König David dagegen tut allerlei, das viel schlimmer ist als eine Mitleidshandlung. Zum Beispiel schickt er Uria, den Mann der Bathseba, an die Front in der Hoffnung, daß er fällt, damit er Bathseba für sich haben kann. Dennoch heißt es, daß bei David das Reich bis in alle Ewigkeit bleibt. Kann der Mensch sich mit solchen Geschichten zufrieden geben, nur weil sie in der Bibel stehen?

Verantwortung bedeutet: In jedem Moment trägst die Verantwortung du — und kein anderer. Geht es dir schlecht, so mußt du sagen: ›Ich selbst habe etwas zerstört, ich selbst kann mit dem Zerstören auch jetzt aufhören.‹

Dem einen Adam gegenüber steht der andere Adam: der eine sündigt, der andere nimmt die Sünde weg. Es ist der Weg hin und der Weg zurück. Man hat nicht nur mit dem einen zu tun. Nein, beide sind da. Mit der einen Hand sündigst du, bist befangen in der Analyse, im Kausalen, mit der anderen Hand bist du zu gleicher Zeit der Erlösende, hast den Erlöser dir gegenüber — nicht wie ein Bildchen, sondern leibhaft ist er dir gegenüber.

Vielleicht kannst du nur leben, weil das so ist. So heißt es auch, daß der eine Adam und der andere Adam bei dir sind wie Einatmen und Ausatmen, also praktisch zu gleicher Zeit. Das eine oder andere allein geht nicht, fortwährend ist der Rhythmus von beiden.

Wenn du in der Welt bist, hast du auch die Verantwortung für die Welt. Du hast doch die Umhüllung von Licht, wo Zeit und Raum nicht existieren, und die Umhüllung von Haut, die beschränkt, an einen Ort und an einen Moment bindet (vgl. S. 25 ff.). Beides ist da. Dann gilt die Verantwortung auch für dich in der Umhüllung von Licht, in der du Raum und Zeit beherrschst, also die Verantwortung für die ganze Welt hast; gleichzeitig trägst du Verantwortung für den Moment jetzt und hier, die Verantwortung für dich.

Verantwortung kann man nicht auf einen anderen schieben, indem man z. B. Gott ablehnt, weil er die Welt falsch eingerichtet habe. Man unterliegt dabei einer Täuschung, denn zu sagen: ›Ich lehne ihn ab‹ bedeutet eigentlich: ›Ich lehne mich ab.‹ Wenn du dich aber ablehnst, tötest du dich gleichsam, begehst Selbstmord, kannst nicht mehr existieren.

Wir sollten verstehen, daß die Verantwortung sehr weit reicht. Wir können sie nicht hinaus-, weg- oder einem anderen unterschieben. Oft spüren wir doch auch in uns ganz deutlich: ›Ich muß jetzt etwas unternehmen, auch wenn ich Schwierigkeiten bekomme, ich kann das einfach so nicht lassen.‹ Man regt sich auf über eine Ungerechtigkeit, oft so, daß man krank wird. Darin zeigt sich, daß der Mensch das Weitreichende seiner Verantwortung unwillkürlich empfindet, ja, sogar eine Sehnsucht danach hat.

Rufen wir uns an diesem Punkt wieder ins Gedächtnis, was wir über den Schlaf, die Nacht und den Traum sagten. Wir nannten es das Akausale im Menschen, wo Zeit und Raum nicht wirklich, nicht bestimmend sind. Zeit, sagten wir, kann da auch rückläufig sein, alles ist korrigierbar, alles kann man da neu erleben, neu erschaffen. Wir sahen dies besonders auch beim Traum am Tage, wo die Phantasie sich alles vorstellen kann. Die Tagträume sind sehr wichtig, denn sie verwirklichen sich im Leben, wenn auch auf anderer Ebene. Es heißt, daß ein Traum immer auch die Wahrheit enthält, wenn du den Traum wirklich träumst, wirklich erlebst.

Bei Tage dagegen, im Lichte der Sonne, im Lichte der Wahrnehmungen, kann alles nur kausal sein. Dort nur besteht die Enge, die Beschränkung, weil das Kausale nicht zuläßt, daß zwei zugleich am selben Ort sind, oder daß du hier und an einem anderen Ort zugleich bist. Bei Tage bist du gefangen im Entweder-Oder; in der Nacht dagegen bist du frei.

Tag und Nacht — es ist eine Zweiheit im Menschen da. Diese Zweiheit ist auch mit den Begriffen der beiden Bäume zu Beginn der Genesis gemeint. Der Baum des Lebens, so heißt es, enthält das Werden *und* das Sein, das Akausale; der Baum der Erkenntnis dagegen hat nur das Werden, die endlos verpflichtende Reihe von Ursache und Wirkung, die Kausalität. Beide Bäume haben *eine* Wurzel. Die Sünde des Menschen, wird gesagt, besteht darin, daß er diese Wurzel durchtrennt. Also kann man auch sagen: Die Sünde des Menschen ist es, Tag und Nacht in seinem Leben zu trennen.

Wir haben schon gesagt, daß der Traum erlösend ist, wenn man sich *nicht* an ihn erinnert. Dann wirkt der Traum am Tag so, daß das Leben am Tag Spiegel vom Leben der Nacht ist. Dann spiegelt das Kausale das Akausale, wie der Mensch am

Ende seines Weges sich selbst gegenübersteht. Dann ist Tag und Nacht eine Einheit, wie die zwei Cherubim auf dem Deckel der Bundeslade einander ansehen und eine Einheit sind.

Der Traum aber, der sich meldet, meldet sich immer in einer Geschichte, die irgendwie kausal aussehen muß, da das Bild sonst gar nicht erinnert werden könnte. Und da es sich kausal zeigen muß, bedeutet es: Hier ist etwas krank, nicht in Ordnung. »Krank« meint »nicht heil«, »nicht ganz«, »nicht eins«. In *diesem* Sinn kranke Leute träumen sehr viel. Wer gesund ist, hat auch den Traum, aber er weiß nichts davon, sein Leben bei Tag ist Widerspiegelung seines Lebens in der Nacht. Dann ist die Wurzel heil und ganz, die Wurzel der beiden Bäume, die Wurzel von Tag und Nacht. Ist die Wurzel heil, *kannst* du den Traum weder kennen noch erklären.

Der Traum Pharaos ist kein Traum im Sinne unserer Vorstellung. Pharaos Traum *ist* das Leben des Menschen in der Welt des Paradoxen. In seinem Leben zeigt es sich, und er fragt: ›Wie kommt es, daß das Schöne vom Häßlichen gefressen wird, und das Häßliche bleibt, überwiegt?‹ Das *ist* die Frage des Pharao und nicht nur ein Wachtraum. Die gesamte Bibel kann man als Traum sehen. Sie ist eine Mitteilung aus dem Akausalen, wo es kein Vorher und kein Nachher gibt.

Beim Menschen, der nur kausal lebt, meldet sich

die Nacht. Kausal muß er träumen, sozusagen. Es kommen Alpträume oder schöne Träume. Die Angst vor der Nacht bedeutet, daß man im Leben alles erklären will, eine Gerechtigkeit haben will, die erklärbar und motivierbar ist. Man ist nur noch imstande, eine Gerechtigkeit zu akzeptieren, die sich in Argumenten äußert.

Der Erklärungszwang zeigt sich als Angst vor der Nacht, Angst vor dem Akausalen. Das Akausale wird zur unerträglich fremden Welt. Du kannst nicht mehr akzeptieren, sondern nur noch argumentieren, diskutieren, auseinanderreißen. So trennst du alles. Du kannst dann auch nicht mehr schlafen. Wenn du einschläfst, drückt's dich, während das Kausale hinübergeht ins Akausale und dort das Land besetzt. Allerlei drückende Traumbilder begleiten diesen Vorgang.

Schlaflosigkeit ist ein Ausdruck des Widerstandes und der Auflehnung gegen das Akausale. Eine längere Zeit ohne Schlaf erträgt der Mensch nicht; wer nur den Baum der Erkenntnis hat, kennt nur das kausale Leben, das große Mühe und Not bringt. Sobald der Mensch vom Baum der Erkenntnis nimmt, folgen vier negative Mitteilungen: Die Schlange muß fortan auf dem Bauch kriechen und Staub fressen, der Mensch wird ihren Kopf zertreten, und sie wird ihn in die Ferse beißen. Die Frau wird mit Schmerzen Kinder gebären. Der Mann muß im Schweiße seines Angesichts die Erde bearbeiten. Und selbst die Erde, die gar nichts getan hat, bekommt noch einen Fluch: Dornen und Disteln soll sie hervorbringen.

Schlange, Frau, Mann — drei haben nur gesündigt, aber vier werden bestraft. Es zeigt, daß das Leben wirklich zur Qual wird, sobald der Weg des Kausalen eingeschlagen ist. Dann hast du völlig recht, wenn du es nicht akzeptierst; dann ist aber auch der Rückweg zum Baum des Lebens abgeschnitten. Zwei Engel, so heißt es, stehen da und versperren den Rückweg »mit einem sich wälzenden Schwert«. Der Mensch ist jetzt gezwungen, auf einem ganz anderen Weg zum Baum des Lebens zu kommen. Denselben Weg, von wo er hergekommen ist, kann er nicht mehr gehen.

Es gibt viele Versuche, den Druck des Kausalen, der krankmacht und nicht schlafen läßt, loszuwerden. *Mit Absicht* aber geht's nicht. Wer meint, mit Hilfe bestimmter Techniken — Meditation oder sonstigen Übungen — vom Druck des Kausalen freiwerden zu können, gerät nur noch tiefer oder subtiler in Zwang. Demgegenüber heißt es, daß es dem Gerechten »im Schlaf« kommt, daß es kommt »wie ein Dieb in der Nacht«. Die Erlösung kommt, ohne daß man selbst etwas dazu tun kann; man hat sie gar nicht erwartet, ja, erschrickt vor ihr wie vor einem Dieb in der Nacht.

In jedem Menschen ist die Sehnsucht nach einem Leben, das vom Druck des kausalen Zwingen-müssens frei ist. Die Drogensucht und jede Art von Sucht geht von da aus. Sucht heißt: Auflehnung gegen das Kausale; »es« kommt, ich *muß nichts mehr.*

Aber wie man die Träume und den Schlaf nicht absichtlich *machen* kann, so ist auch die Befreiung vom Zwang des Kausalen nicht mit Absicht zu bewerkstelligen. Vielmehr: Wenn dein Leben so ist, dann kommt »es«. Mit diesem »es« Verbindung haben, »es« bei sich selbst beleben und erleben — dann ist Schlaf, »schena«, das Doppelte, da, dann ist im Schlaf auch das Andere mit dabei. Beide Dimensionen sind dann zusammen da. Ich kann es dann sogar erklären, aber nur mit dem Anderen zusammen, das ich nicht erklären kann. Der Kreis, der schließt, der »Teufelskreis«, ist dann durchbrochen; der Tanz ums Goldene Kalb, hebräisch »egel« — und »igul«, gleich geschrieben wie »egel«, heißt doch auch Kreis —, ist dann zu Ende.

Vom Bereich des Träumens her, so sehen wir, könnten wir vieles in unserem Leben erklären — aber nur, wenn wir frei davon sind, Nutzen aus dem Traum ziehen zu wollen. Wie die Sterne zu prognostischer Astrologie werden häufig auch die Träume zu »nützlicher« Deutung mißbraucht. Das Wunder, die andere Welt, zum Nutzen für das Kausale zu mißbrauchen, ist eine Vergewaltigung.

Man könnte also jemandem wünschen, daß ihm seine Träume nicht mehr bewußt werden und daß sein Leben bei Tag so ist, daß er spürt: »Es« kommt, von der anderen Dimension her. Bei Tage, so heißt es, soll der Mensch zwischen gut und böse unterscheiden, in der Nacht *kann* er es nicht. Gut und böse kommen über ihn, und er spürt: das *Ganze* ist gut, weil er vom Traum nichts mehr weiß.

Suche in deinem Tagleben die Verbindung zur Nacht, indem du — was immer dir begegnet — *akzeptierst.* Finde dich nicht ständig ungerecht behandelt, mache dir nicht ständig ein Bild, das stimmen muß. Was weißt du vom Bild der ganzen Welt? Was weißt du von deiner Zeitlosigkeit, in der du da lebst und viel wichtigere Begegnungen hast? Käme das, was du willst — vielleicht wäre es dein Untergang? Zwinge also nicht. Es ist wie beim Gehen: Sobald du bewußt richtig gehen willst, verspannst du dich, stolperst, fällst; wenn »es« geht, merkst du's gar nicht.

Ich möchte jetzt ein weiteres Traumbild aus der Bibel behandeln: den Traum Jakobs (Gen. 28, 10-22). Als Jakob vor Esau flieht, kommt er an einen Ort, legt sich dort schlafen und träumt. Er sieht den Himmel offen und eine »Leiter« — wie das Wort übersetzt wird —, die bis in den Himmel reicht. Auf ihr steigen Engel hinauf und herab. Die alten Mitteilungen sagen, daß es vier Engel sind, und zwar die vier großen Engel, die Erzengel Michael, Gabriel, Uriel und Raphael. Zwei steigen herunter, zwei steigen hinauf. Also eine entgegengesetzte Bewegung. Zwei sind das Geworfenwerden in die Welt, zwei sind die Antwort: Wort und Antwort.

Jakob sieht den Himmel: Es kommt her und es geht zurück. Beim Hinaufsteigen, könnte man sagen, ist dir wohl; das Hinuntersteigen —, ja, ist vielleicht wie ein ›Ach, schade!‹, ist vielleicht auch schön. Jedenfalls sieht Jakob das Paradox. Er sieht auch Gott oben, und Gott spricht mit ihm. Er schaut Gott an, und Gott sagt zu ihm: ›Ich sehe dich und du siehst mich, wir sehen einander.‹ Mit anderen Worten: Die Einheit wird gesehen, wenn *beide* Bewegungen da sind.

Dieser Traum ist im Menschen immer anwesend, ich glaube, jede Nacht, wenn der Mensch wirklich schläft und nicht nur in Ohnmacht daliegt, von Schlafmitteln betäubt. (Man kann auch schlafen, ohne wirklich zu schlafen.) Wenn du wirklich schläfst, erfährst du das in der Nacht, aber das lebt sich genauso bei Tage — es geschieht dir während des Tages das Gleiche. Während des Tages *tust* du, mußt du tun und *weißt,* daß du tust und tun mußt. Gleichzeitig aber — das Paradox — *tut es sich* und du kannst gar nichts dazu tun. Beides ist gleichzeitig. Man kann nicht sagen: ›Es tut sich, ich brauche nichts zu tun, es geschieht schon.‹ Im Westen hat man dafür den Begriff Fatalismus und mißversteht damit die östlichen Religionen.

Die richtige Erklärung lautet: Mein Tun ist notwendig, aber gleichzeitig besteht das Paradox, daß es getan wird. Ich lebe mit beidem und deshalb ist mein Tun befreit und befreiend. In meinem Leben sind beide Richtungen, Frage und Antwort. Der Mensch, der herkommt und sich zeigt, und der Mensch, der zurückgeht und verschwindet. Das Sichtbare und das Verborgene. Das Erscheinende und das Geheime. So lebt der Mensch in der Gegenwart, die konkret da ist, *und* in Vergangenheit und Zukunft, die nicht konkret, die verborgen, die verschwunden sind.

Jakob flieht, sagte ich, vor Esau. Esau ist im Menschen das Erscheinende, der Jäger, der alles kausal erklären will. Jakob entzieht sich ihm, weil das kausal Erklärende ihn töten will. Das Kausale bringt den Tod in *jedem* Moment. Der Mensch, der nur den Weg des Werdens geht, stirbt, denn jede Phase ist ein Tod, die neue kommt, die alte stirbt. Da er jeden Moment stirbt, lastet der Tod auf ihm wie ein Alpdruck. ›Laß diesen Esau, geh fort!‹, sagt die Mutter zu Jakob, ›sonst werde ich euch beide verlieren, ihr werdet einander töten.‹

Jakob geht also vom Kausalen weg. Im Traum sieht er das Kausale wieder: Zwei Engel steigen herunter, das Wort kommt. Aber zwei Engel steigen auch hinauf — welche zwei, wird nicht gesagt. — Es bedeutet: Das Kausale hat erst dann Sinn, wenn du erfährst, daß es bei dir schon »unerklärlich« ist; wenn du erfährst: So wie es ist, ist es gut. Willst du dagegen zwingen, dann bist du im Zwang und stirbst daran.

Der Selbstmörder unterliegt einem teuflischen Mißverständnis. Er will sich dem Kausalen entziehen, will fort von hier. Er glaubt, wenn er kausal Schluß macht, dann ist danach weiter Kausalität und er hat Ruhe. Er will sich kausal erlösen. Er täuscht sich, denn es gibt nicht nur Kausalität. Es könnte sein, daß danach gerade das kommt, was er nicht wollte; und in seinem Leben wäre vielleicht gerade die nächste Phase so gewesen, wie er sich immer wünschte. Hätte er *einen* Tag länger gelebt, wäre alles gut gekommen.

Selbstmord ist immer dann, wenn das Kausale zu sehr drückt. Einer tötet sich, weil er glaubt, daß er ein solcher Verbrecher ist, daß sich die Gesellschaft vor ihm ekelt. Er glaubt, er lebe durch die Gesellschaft. Aber — was denkt die Gesellschaft schon von ihm? Vielleicht: ›Welchen Nutzen kann man von ihm haben?‹ Sonst meist sowieso nichts Gutes. — Andere töten sich, weil sie alles Geld verloren haben oder krank sind oder glauben, die Welt sei gegen sie. Immer also denken sie kausal. Es ist dasselbe wie Schlaflosigkeit. Meist sind es Leute, die nicht schlafen können und daher — könnte man auch sagen — Selbstmord begehen. Die Schlaflosigkeit ist es, die nicht zuläßt, daß das Akausale eine Chance bekommt, sich zu zeigen.

Nachdem Jakob von Esau fort ist, glaubt man, er habe einen langen Weg, bis er an den Ort kommt, wo er den Traum hat. Aber die Überlieferung sagt: Ganz im Gegenteil! Die Erde geht ihm sogar entgegen, plötzlich ist er am Ort, wo er sein sollte. — Wir glauben doch auch immer, wir müßten, wenn wir das Kausale verlassen, eine lange Schule durchmachen, um das Akausale zu lernen, Meditation, Yoga und dergleichen. Alle möglichen Theorien und Praktiken gibt es, um uns glauben zu machen, es sei ein *langer* Weg. (Erfolgreich vor allem für die Lehrer, die einem das einreden.)

In Wirklichkeit aber ist es so, daß die Erde förmlich entgegenkommt. Es geht so schnell, die Erde rennt unter ihm weg, und er ist schon am Ort. Dort, heißt es, sind 12 Steine. Die Zahl 12 meint hier ganz allgemein »viele«. Und wie er die vielen Steine hinlegt, werden sie *ein* Stein: die Vielheit wird *eins*. Plötzlich öffnet sich dem Menschen das Andere. Das ist die Erfahrung wirklicher Meditation. Eine Erfahrung, die man *immer* spüren könnte, den ganzen Tag über, und eben nicht Pseudo-Meditation für einen exklusiven Kreis durch mühevolle Rituale Eingeweihter! Der Alltag *ist* Meditation, ist genauso Geheimnis. Daher heißt es, die vielen Steine werden eins, der Himmel öffnet sich, und Gott spricht mit ihm. Es geschieht ganz plötzlich; nur der Zwang des Kausalen läßt uns glauben, es sei ein weiter Weg.

Es ist bei dir schon da, wie Paulus im Römerbrief zitiert: »Sprich nicht in deinem Herzen: Wer wird in den Himmel hinaufsteigen? oder: Wer wird in die Unterwelt hinabsteigen? Nahe ist dir das Wort, in deinem Munde und in deinem Herzen« (Röm. 10, 6-8). Es ist da, wenn du Tag und Nacht zu einer Einheit verbindest. Verbinde eben, was »nicht stimmt«: das Ungerechte mit dem Frieden. Nicht sagen: ›Ich will das Ungerechte, Grausame nicht sehen, nicht wissen.‹ Es ist doch *da*, wie das Geworfensein da ist.

Wenn du Tag und Nacht verbindest, dann kommt die *Ruhe* des Schlafes und du freust dich auf die *Bewegung* des neuen Tages. Tötet man aber bei sich die andere Seite, kommt Krankheit. Der Mensch soll und darf das nicht, das ist seine Verantwortung.

Es ist auch jedes Menschen eigene Verantwortung, das Getrennte wieder zusammenzufügen, denn er *ist* als Mensch das Ganze. Dabei kann er nicht geführt werden, das kann man nicht lernen im Sinne von »üben«. Am Ende steht Hiob *allein*, ohne die vier Freunde, vor Gott, und dann spricht Gott mit ihm. In jedem Moment kann das im Menschen geschehen, es ist kein langer Weg.

Verstehen aber soll der Mensch, daß er niemals das Akausale zum Nutzen des Kausalen einfangen kann. Nur im einander Gegenüberstehen und im einander Gegenüberbleiben — im Paradox —

ist die Einheit. Die Cherubim auf dem Deckel der Bundeslade, die sich anschauen von rechts und von links, sind eins. Zwei Engel hinaufsteigend gegenüber zwei Engeln hinuntersteigend: Eine Vierheit als zwei und zwei sich gegenüber. So entsprechen die 4 Engel den 4 Welten, den 4 Elementen, den 4 Ellen, die der Raum des Menschen mißt.

Es ist die Pflicht des Menschen, alles, was kausal erklärbar ist, zu erklären. Niemals aber darf er das Akausale kausal erklären. Tut er das, so bedeutet es, daß er eindringt in ein anderes Land und glaubt — wie der Jäger — er könne »es« fangen; aber er fängt es nie, sondern geht in der Unendlichkeit unter. Das Andere *bleibt immer* gegenüber; es ist nicht zu fangen, nicht zu erklären.

FÜNFTES KAPITEL

DIE URPANIK IN DER FINSTERNIS · DIE
MITTERNACHT · DIE DREI NACHTWACHEN · DAS LEBEN
IN DER NACHTSEITE · SEHNSUCHT UND HOFF-
NUNG · DER PRIESTER

Wir sehen, daß uns unser Thema immer wieder zur Frage führt: Was bedeutet die Zweiheit, die sich als eine Art Naturgesetz in allem
zeigt? Wir haben sie doch auch im Traum Jakobs,
dem Urtraum, wie man ihn nennen könnte, gesehen. Zwei Engel steigen hinauf, zwei Engel kommen herunter. Es sind zwei Boten, zwei Mitteilungen da, die im Gegensatz zueinander stehen. Und
Jakobs Weg zum Ort des Traumes war doch die
Flucht vor Esau, der im Menschen das Urteilen
nach der Erscheinung, nach der Sinneswahrneh-
mung und ein Danach-leben verkörpert. Wenn der
Mensch aber das Konstruieren einer Weltanschau-
ung nach äußeren Wahrnehmungen seinläßt, dann
ist der Weg schnell, die Erde kommt ihm entgegen.

»Weg« aber hat auch die Zweiheit, den Gegensatz; wo ein Weg ist, gibt es Anfang und Ende.
Wieder stellt sich die Grundfrage: Wozu immer
diese zwei? Ich will versuchen, von einigen neuen
Aspekten her einer Antwort näher zu kommen.

Sie kennen doch die Geschichte von der Vertreibung des Menschen aus dem Paradies, nachdem er vom Baum der Erkenntnis gegessen hat. Nun ist das, wie Sie wissen, kein historischer Vorgang, der sich irgendwann einmal ereignet hat, sondern eine *immerwährende Situation* im Menschen. Der Mensch nämlich kann es nicht lassen, vom Baum der Erkenntnis zu nehmen, d. h., Gut und Böse nach seiner Wahrnehmung zu beurteilen.

Wer das Böse sieht, ist irritiert und denkt: ›Das sollte doch gar nicht sein.‹ Und schon hat man ein Urteil von hier aus gefällt, von der Sichtbarkeit her, in der man lebt.

Nun gibt es den vielbenutzten Ausweg, das Böse dem Menschen oder dem Teufel zuzuschieben; Gott jedenfalls habe es nicht gewollt. Das hieße dann aber, daß es eine selbständige Macht gäbe, die imstande wäre, Gottes All-Macht zu brechen. Dem aber wird immer ausdrücklich entgegengehalten: Du kannst nicht zwei Herren haben; du hast *einen* Herrn, und das ist der Herr von Gut *und* Böse. So heißt es auch beim Propheten Jesaja, wo Gott von sich sagt: »Ich, der Herr, und keiner sonst, der ich das Licht bilde und die Finsternis schaffe, der ich Heil wirke und Unheil schaffe, ich bin's, der Herr, der dies alles wirkt« (Jes. 45, 6-7). Es will also sagen: ›Ich erschaffe das Böse und bringe das Gute‹ — beides von *einem* aus.

Sobald wir von einem der beiden sagen: ›Das ertrage ich nicht!‹ — und jeder, der in der Welt erscheint, wird es sagen —, haben wir ein Urteil darüber gefällt; dann kommt, was man die Vertreibung nennt. Dem aber steht auch etwas im Menschen gegenüber, das *nicht* urteilt, sondern Gut und Böse, Tag und Nacht, Wachsen und Vergehen annimmt. Die Theologie spricht vom 1. Adam, der vom Baum der Erkenntnis ißt, und vom 2. Adam, der nicht ißt. Dabei ist die Gefahr des Mißverständnisses, daß man sagt, die Welt ist verderbt durch die Tat des ersten Adam, dann kommt irgendwann der zweite Adam als Erlöser und rettet die Situation. Gewiß, es gibt ein Erstes und ein Zweites; aber beides ist *auch* zeitlos.

Erst also ist Finsternis. Daher heißt es bei Jesaja: »der ich die Finsternis *schaffe*«. Auch in der Schöpfungsgeschichte wird immer erst der Abend, dann der Morgen genannt, wenn von einem Tag die Rede ist. Auch heute noch fängt im Judentum der neue Tag an, wenn die Sonne untergeht, wenn Finsternis kommt. Astronomisch übrigens gilt der neue Tag ebenfalls von 6 Uhr nachmittags bis 6 Uhr morgens in seinem ersten, im Nachtteil. Es scheint wie ein Gesetz zu sein, daß erst Nacht ist und dann der Tag kommt.

Was ist nun Tag und Nacht im Menschen, und was bedeutet in diesem Zusammenhang das Träumen und das Wachsein?

Adam lebt — also jeder Mensch lebt — in einer

Welt der Einheit. Der Mensch, wie er ist, hat in sich den Urzustand im Paradies. Daher rührt die *Sehnsucht* des Menschen. So wird es auch erklärt: Daß du dich nach etwas sehnst, bedeutet, daß in dir ein Zustand ist, in dem du schon hast, wonach du dich sehnst. Sehnst du dich also nach Weisheit und Wahrheit, so rührt das daher, daß *in dir,* tief drinnen — ganz nahe und doch auch weit weg —, in deinem Urzustand Weisheit und Wahrheit und Einheit und Frieden ist. Sehnst du dich nach Erlösung, so deshalb, weil du vom Ursprung her schon erlöst bist. Gerechtigkeit, Treue und Wahrheit ist dein Fundament; ganz füllst du den Himmel und die Erde aus, bist in allem da.

Gleichzeitig ist dort im Kern, im Urzustand des Menschen, etwas da, wodurch der Mensch danach schaut und empfindet, was seine Sinne ihm sagen. Dann — so die Mitteilung — wird dieser Zustand verlassen. Wie dieses Verlassen geschieht, wird in der Überlieferung sehr plastisch erzählt, und ich glaube, wir sollten dieser Geschichte einmal zuhören.

Der Mensch verläßt das Paradies, und dann wird es zum ersten Mal dunkel. Das Dunkelwerden und Hereinbrechen der Finsternis sind ein großer Schrecken für den Menschen; er glaubt, alles geht jetzt unter. Das ist nicht nur atmosphärisch gemeint. Finsternis bedeutet auch: Alles wird unklar, die Dinge sind nicht mehr voneinander zu unterscheiden, die Konturen verschwimmen. Den Menschen überfällt Angst, weil er bei einem Geräusch nicht mehr weiß, ob es durch eine Maus oder einen Tiger verursacht ist. Es heißt, daß für Adam die Nacht unerträglich wird, und zwar gerade dann, wenn die Nacht so tief ist, daß sie schon fast zu Ende ist. Gerade dann kann man es nicht mehr ertragen. Gerade dann ist der Mensch sehr schwach, wie wir auch aus der Statistik wissen, denn gerade dann, wenn es bald Morgen ist, sterben die meisten Menschen.

›Halte doch noch ein wenig aus‹, möchte man sagen, ›dann ist es vorüber.‹ Das aber kann der Mensch gar nicht glauben im Zustand der tiefsten Finsternis, in seinem schwersten und schwächsten Moment. Deshalb ist das hebräische Wort für Morgen das gleiche wie für »schwarz«: »schadar«.

Dann kommt für Adam der Anbruch des Tages. Jetzt weiß der Mensch, daß die Finsternis vorübergeht, jetzt, könnte man sagen, hat er eine wichtige Erfahrung gemacht. Er weiß jetzt: Es wird dunkel, ich lege mich schlafen; es wird Tag und ich werde wieder erwachen. Aber in jedem Menschen ist *auch* die Urpanik des Adam da, der diese Erfahrung noch nicht gemacht hat. Beides ist da, die Urpanik und die Erfahrung. Und die Frage ist immer, was von beiden im Menschen reagiert. Überkommt ihn die Urpanik, so daß er verzweifelt? Oder weiß er, daß es zwar schrecklich und sehr schlimm ist, daß er es aber letztendlich doch übersteht?

Natürlich beziehen sich diese Fragen nicht nur auf das Physische. Der Mensch kann auch im Menschlichen, Geistigen, Psychischen diese Urpanik haben, und dann ist nicht mehr mit ihm zu reden. Er geht dann in dem Sinne zugrunde, daß er aufhört, *so* zu sein. Und wir können uns fragen, ob dieser Tod nicht auch gut ist?

Der Zustand der Nacht, der Angst im Menschen, gipfelt im Moment der Mitternacht. Dem einen ist es der point of no return, dem anderen die Wende; der eine glaubt, daß jetzt alles zugrunde geht, der andere weiß, daß der Schrecken zu Ende ist. (Behalten wir gegenwärtig, daß der eine *und* der andere *in* uns sind.) Deshalb heißt es auch, daß die Erlösung immer um Mitternacht stattfindet, dann also, wenn die Nacht am tiefsten ist. Wer von der Erlösung weiß, für den ist die zweite Hälfte der Nacht ein Erwarten des Kommenden.

Auch die Nacht also erfahren wir als Zweiheit. Es ist eine Bewegung hin — bis Mitternacht —, und eine Bewegung zurück — nach Mitternacht. Erfahren wir diese Zweiheit tatsächlich, dann wird die Nacht für uns ein Wunder; kennen wir aber nur die eine Bewegung hin, die Panik-Bewegung — das einseitige Urteilen, das Sezieren —, dann ist die Nacht angstvoll, drückend, schlaflos. Gern möchte man sich dann dieser Panik-Bewegung entziehen und stürzt sich in den Rausch, die Karriere, unruhevolles Reisen — benutzt alle Arten von Betäubungsmitteln. Das bedeutet: einseitige Nacht. Mitternacht kennt so auch die Zweiheit: Erlösung und Spuk.

Zurück zu unserer alten Geschichte! Adam erfährt also die Schrecken der Finsternis und kann nichts mehr unterscheiden. Da zeigt ihm Gott einen Stein. Im Hebräischen heißt Stein »ewen« — von »aw«, Vater, und »ben«, Sohn —, bezeichnet also eine *Einheit*. Hier zeigt der Stein seine Unveränderlichkeit als Härte. Gott sagt zu Adam: ›Schau, mit dem *einen* Stein kommen wir nicht weiter. Bringe dem einen Stein einen anderen gegenüber, bringe zwei Steine mit Wucht aufeinander, bringe sie so im Gegensatz zusammen, dann kommt ein Funke, kommt Feuer und Licht.‹ Das bedeutet: Wenn du in der Nacht die Zweiheit im Stein erkennst und zusammenprallen läßt, dann funkt es, dann wird Licht. Es ist dann zwar nicht die Tageshelle, aber du hast eine Leuchte in der Nacht. Du kannst etwas mehr sehen, brauchst nicht mehr die große Angst zu haben. Zünde eine Kerze, eine Lampe an, und die Finsternis weicht ein wenig. Es bleibt dunkel, aber in deiner Umgebung ist es dann etwas heller.

Das also wird dem Menschen von Gott mitgegeben für die Nacht. Im Judentum ist es ein Brauch, Kerzen anzuzünden, wenn der Weg der

Woche beginnt, und den Segen zu sprechen: »Gesegnet der, der das Licht des Feuers gibt.« Es ist nicht das hohe Licht, das Liebe sein kann, Klarheit, Helle, sondern das Licht unten, das aus der Nacht kommt, das Licht der niedersten Stufe, das *brennt*.

Von der Nacht wird in den alten Mitteilungen manches erzählt. Im Talmud zum Beispiel, zu Beginn des Traktats »Von den Segenssprüchen« wird die Nacht in drei Nachtwachen eingeteilt; nach einer anderen Meinung sind es vier Nachtwachen. Vom Himmel aus gesehen — so die Erklärung — sind es drei, von der Erde aus gesehen vier. Die 3, das Männliche, und die 4, das Weibliche, bringen erst in ihrem Zusammensein die Frucht. Die 3 als das Männliche ist »Erinnerung«, »sachar«, sowohl an die Vergangenheit als auch an die Zukunft als Ahnen, Hoffen, Erwarten. Die 4 als das Weibliche ist Gegenwart. So gibt es 3 Erzväter (Abraham, Isaak, Jakob), aber 4 Erzmütter (Sara, Rebekka, Rahel und Lea). So auch entsprechen 3 Schöpfungstagen 4 Schöpfungstaten (2 mal 3 Tage und 2 mal 4 Taten). Das Tun ist das Bewegen *hier*; der Weg.

Der Satz des Pythagoras kann einen wichtigen Zusammenhang anschaulich machen. Gerade dann nämlich, wenn Männliches, 3, und Weibliches, 4, senkrecht aufeinander stehen — also aus ganz entgegengesetzten Richtungen kommend sich treffen, *unerwartet* sich treffen —, dann ist die Hypotenuse die 5. Man nennt die 5 auch die Frucht, das

Neue aus diesem Zusammenkommen. So wird gesagt, das Verborgene im Menschen, das vom Himmel aus sieht, kennt 3 Nachtwachen, 3 Teile der Nacht; das Irdische, Weibliche im Menschen kennt 4 Teile. Mit dem Zählen bis 4 war übrigens nach dem Wissen der Schule des Pythagoras das Geheimnis der Welt ausgedrückt. Die 5, das Neue, ist das Kind. Das Hieroglyphenzeichen für die 5 ist ein Mensch-Zeichen: Kopf, Rumpf, Hände, Füße, Arme, Beine. Die 3 ($3^2 = 9$) und die 4 ($4^2 = 16$) bilden die 5 ($5^2 = 25$).

Was bedeutet Nachtwache? Wer wacht in der Nacht? Wir sagten doch, daß es wichtig ist, in der Nacht zu schlafen, die Dinge passieren zu lassen; es sei sehr wichtig, nicht zu forcieren, nicht zu zwingen, sondern *es* in der Nacht zu erfahren wie im Traum, *es* kommen zu lassen wie einen Dieb in der Nacht, unerwartet, *es* im Schlaf sich geben zu lassen.

Nach den alten Geschichten gibt es Wächter in der Nacht. Bei den Propheten ist die Rede vom Ruf im Tempel: »schomer ma milel«, »Wächter, wie weit ist es in der Nacht?« Auch im Menschen gibt es diesen Ruf, auch im Menschen scheint etwas zu wachen. Während der Nacht findet im Tempel, der Wohnung Gottes, keine »awoda«, kein Dienst statt. Nur ein Licht brennt, das Feuer vom Anfang. Es sind aber die Priester da. Priester sind das im Menschen, was Unruhe verbreitet, in Bewegung ist, keinen Frieden gibt, sondern sagt: ›Es stimmt doch nicht so.‹ Diese Priester werden in Nachtwachen eingeteilt und stehen auf den Mauern des Tempels; sie schauen in die Nacht hinaus und rufen einander zu: »Wie weit ist es in der Nacht?«

Die 1. Nachtwache, so heißt es, ist dadurch gekennzeichnet, daß der Esel schreit. In der 2. Nachtwache heulen und bellen die Hunde. In der 3. Nachtwache haben der Mann und die Frau das Gespräch miteinander, und das Kind trinkt an der Brust der Mutter. Und es wird gesagt, bei jeder Nachtwache brüllt Gott wie ein Löwe. Das Brüllen wird erklärt als die Klage Gottes: ›Warum habe ich mein Haus verwüstet?‹ Es ist die Klage darüber, daß das Böse ist. Und wir fragen: ›Du selbst verwüstest das Haus, schaffst das Böse und leidest darunter?‹ — Eine schwere Frage.

›Tu es doch nicht‹, würden wir vielleicht sagen, ›vernichte das Haus doch nicht.‹ Wir spüren, das Vernichten des Hauses entspricht dem Vertreiben des ersten Adam aus dem Paradies. Und wir erinnern uns an Jesaja, wo Gott als Grundlage von allem die Finsternis nennt. Das Haus wie das Paradies nimmt er weg — aber er selbst leidet darunter. Bei jeder Nachtwache brüllt er, schreit er. Es dröhnt durch die Welt, und die Welt erzittert. Um Mitternacht, heißt es, geht Gott durch die Welt. Sein Gehen ist wie der Wind aus dem Norden. Und der Wind bewegt die Saiten der Harfe von David, die über dem Bett des Königs hängt. Und die Harfe spielt; das sind die Lieder, die Melodien der Psalmen. Man sagt, es sind die Melodien des Menschen: wie der Mensch lebt.

Auch das geschieht in der Nacht; während der König schläft, spielt die Harfe. Die Harfe spielt das Leben des Königs. Gott bläst hindurch. Harfe, hebräisch »kinor«, hängt zusammen mit »kinereth«, wie im Hebräischen der See Genezareth heißt: Harfen-See. Von dort, von diesem See her kommt das Harfenspiel, die Melodie kommt von dort.

Die Zeichen der drei Nachtwachen, die ich nannte, haben eine Reihenfolge. Erst ist es der Esel, der schreit. Wir werden noch sehen, was das bedeutet. Dann sind es die Hunde, die heulen. Hunde spielen in der Überlieferung und in Visionen eine wichtige Rolle. Es sind die haarigen Wesen, die fortwährend angreifen, wenn sie draußen sind; drinnen im Hause aber sind sie treu und gut und lieb. Draußen haben sie Angst und verbreiten Angst. In der 3. Nachtwache sprechen Mann und Frau miteinander, das Kind ist da, das Dreieck des Pythagoras, könnten wir sagen.

Wozu die Nacht? Wozu erst Mitternacht und dann die Erlösung? Warum die Erlösung nicht gleich zu Beginn der Nacht? Was bedeutet der Tag überhaupt? In welcher Welt leben wir jetzt?

Beim Propheten Daniel ist von dreieinhalb

Weltzeiten die Rede, von »einer Zeit und Zeiten und einer halben Zeit« (Dan. 7, 25). Die Zeit, in der wir leben, ist die halbe Zeit. Es ist die Nachtseite des vierten Tages; nach dieser halben Zeit kommt die zweite Hälfte: der Tag. Jetzt also erleben wir die Welt als Nachtwelt. Und doch erleben wir Tag *und* Nacht. Was bedeuten dann Tag und Nacht in unserem »Nachtleben« jetzt?

Nacht, sagten wir doch, ist akausal, läßt *es* kommen, während man bei Tag tun muß. Bei Tag ist alles kausal, geht nichts von selbst. Wie verbinden sich Tag und Nacht? Wir hatten schon davon gesprochen, daß das Tun des Tages dem entspricht, was in der Nacht geträumt wird. Das Geschehen der Nacht inspiriert das Tun des Tages. Das aber heißt: Ich bilde mir am Tag nur ein, daß ich tue. Eigentlich ist es eine Einheit. Ich kann gar nicht sagen, daß ich das, was ich am Tage tue, selbst so will. Bin ich in dieser Meinung befangen, so habe ich die Einheit zertrennt. Nur eine Seite zu nehmen und die andere davon abzutrennen, ist gleichbedeutend mit dem Verlassen des Paradieses.

Dann entsteht das Leben im Zwang mit seinen Zwangshandlungen. Immer denkst du dann: ›Wenn ich's nicht tue, wird's nicht geschehen, wird keiner es tun und es wird vielleicht verlorengehen.‹ Es kommt die ständige Unsicherheit dann und das Gefühl, daß nichts im Leben richtig ist. Das ist die Gefahr, wenn der Mensch Tag und Nacht, Absicht und Absichtslosigkeit trennt. Leben im Paradox hat aber das Merkwürdige, daß du zwar Feder und Papier suchen und schreiben mußt, aber doch auch weißt: Es ist schon da und schreibt sich selbst. Wir spüren, da ist etwas da im Leben, das wir nicht verstehen können. Und das ist es eigentlich, was kreativ ist. Sobald das im Menschen lebt, ist er kreativ. Wenn dieses Gefühl des Paradoxen im Leben ist, hast du das Gefühl des Durchbruchs.

Es heißt: Abend und Morgen — zusammen erst der Tag. Im Menschen braucht es diese Einheit. Und der Mensch ist oder wird krank, wenn er nur eine Seite hat. Er ist dann traurig und untröstlich, weil er glaubt, von *ihm* müsse es gemacht werden; oder aber er ist traurig, weil er glaubt, alles ist schon da und er kann gar nichts tun. Der Mensch kann weder *nur* im Mysterium noch *nur* im Kausalen leben, beide Male ist die Einheit zerbrochen.

Wir haben schon gesehen, daß der Mensch in der Nachtseite auch die Erfahrung hat: Es wird wieder Tag. Nach einer Krankheit kommt wieder Gesundheit. Es ist die Erfahrung von Kommen und Gehen, Wachen und Schlafen, Einatmen und Ausatmen. Oft sind Menschen unglücklich, weil diese Erfahrung wie verschüttet ist. Sie erleben eine Enttäuschung, geraten in Panik und glauben, nicht mehr leben zu können. Sie verlassen sich nur auf die kleine Erfahrung hier; dabei haben sie doch die Ur-Erfahrung, die gleichsam mit der Erbmasse mitkommt, daß es nach der Nachtseite immer eine Tagseite gibt.

Unser Leben spielt sich, wie ich schon sagte, in der Nachtseite des vierten Tages ab. Ein Kommentar nennt die dazugehörige Tagseite des vierten Tages die Todesseite. Man stirbt aus der Nacht in den Tag hinein. Die Nachtwelt geht unter und geht über in die Tagwelt.

Dieses Hinaussterben ins andere Leben gleicht einer vollständigen Änderung des Menschen. Daher wird der Auszug aus Ägypten auch im Bild des Sterbens gesehen. Es wird vom Brechen des Auges gesprochen wie das Meer bricht und sich spaltet; man vergleicht es auch mit dem Brechen des Fruchtwassers bei der Geburt. Tod und Geburt sind ein Hineinkommen in ein anderes Leben, das Verlassen einer Wirklichkeit und das Hineinkommen in eine andere.

Dieses Verlassen aber kann man nicht selbst bewerkstelligen; wir haben darüber schon im Zusammenhang mit dem Selbstmord gesprochen. Es wird überliefert, daß viele von Israel in Ägypten sagen: ›Diese Knechtschaft ertragen wir nicht mehr‹ und auf eigene Faust eine Lösung suchen, eine Erlösung, und ausziehen. Alle gehen unter. Das sind die Toten, die *immer* da sind. Es heißt nämlich, die Erlösung kommt nur, weil sie kommt. Mit Nachdruck wird gesagt: Bleib zu Hause. Passah ist, wenn du zu Hause bist. Wer aus dem Hause geht, um vielleicht mitzuhelfen, wird getötet. Das Lamm ist im Haus. Eine Erlösung, die man forciert, ist Selbstmord, ist, könnte man sagen, ein falscher Messias.

In der Tagwelt des vierten Tages, in der Hälfte nach den dreieinhalb Zeiten, die beim Propheten Daniel genannt werden, wirst du verstehen, wie herrlich es ist, mit dem Paradox von Anfang und Ende zu leben. Dann nämlich sind Anfang und Ende nicht mehr getrennt, sondern zusammen. Dann lebst du gleichzeitig im Kausalen und im Akausalen. Daher wird der Baum des Lebens der Baum, der Frucht *ist* und Frucht *macht,* genannt — er ist schon da *und* ist auf dem Weg —, während der Baum der Erkenntnis, aus der Wahrnehmung hervorkommend, nur der Baum, der Frucht *macht,* heißt. Hier, auf dem Weg, kann man nur die Seite der Wahrnehmung und der Kausalität verstehen, während dort beides ist.

Die Nachtseite ist also die Welt, in der wir nur ganz vage Konturen wahrnehmen und nie weit sehen können. Das Licht läßt uns den Ort, der beleuchtet ist, sehen; dann ist wieder Finsternis. Wir wissen nicht, was hinter den Dingen steht, und haben Angst. Wir wissen nicht, wer der Mensch eigentlich ist, der uns begegnet. Er hat eine Maske: seine Person. Er lächelt, aber vielleicht ist er grausam? Ich mag ihn aber, glaube ihm, schaue ihn an und er lächelt zurück. So haben wir etwas Licht hin und zurück. Dennoch *weiß* ich *nicht* und denke: ›Was denkt er von mir? Vielleicht denkt er, der will das und das von mir?‹ — was ich tatsächlich gar nicht will —, aber ich denke mir, er *könnte* es denken, weil ich gerade so oder so schaue.

Man ist sehr unsicher. Immer der Zweifel, ob das, was man tut, auch richtig verstanden wird. Man ist in der Nacht und erkennt ein wenig, aber klar wird es nicht. Die Welt, in der wir jetzt leben, ist die Welt, in der es nicht klar ist, die Welt der »Krankheiten von Ägypten«, wie es heißt. Zieht man aus Ägypten aus, sagt Gott: ›Die Krankheiten von Ägypten werden *nie* mehr über dich kommen.‹ Ägypten also ist identisch mit den Krankheiten, der Knechtschaft, der Dunkelheit.

Das Leben hier beginnt in der Nacht. Wir wissen aber, daß vorher ein Paradies ist, ein Urzustand, ein Kern; von dort her rührt die Sehnsucht, das Verlangen — jedes Verlangen — überhaupt. Daß man z. B. einem Menschen gern begegnen möchte —, dieses Verlangen ist da, weil man diesen Menschen von dort her, vom Kern her, schon kennt. Es ist ein Grundsatz: Wonach du dich sehnst, das bekommst du. Sehnsucht bedeutet: schon wissen, daß es zusammengehört.

Sie kennen doch aus der Josephsgeschichte die Episode mit der Frau des Potiphar. Sie versucht, Joseph zu verführen, weil sie in ihrer Sehnsucht schon weiß, daß sie zusammengehören, daß sie seine Frau wird. Eine Mitteilung nennt Josephs Frau Osnath »eine Tochter von Potiphars Frau«; das bedeutet: sie ist es selbst, aber später, in der Zeit nach ihr. Zwischen Vater und Sohn, Mutter und Tochter ist nur ein Phasenunterschied, eigentlich sind sie gleich. Morgen, könnte ich sagen, bin ich der Sohn von Heute.

Sehnsucht und Hoffnung sind die wichtigsten Zustände im Menschen. Das hebräische Wort für Hoffnung kommt vom Wort »Maßstab«. Das will sagen, es ist schon ein Maßstab da. Wenn du Hoffnung hast, wird es schon zugemessen. Nie soll man sagen: ›Ich erhoffe etwas, aber es wird doch nicht sein.‹ Dann hast du keine Hoffnung, keine Sehnsucht. Sehnsucht aber, die du hast, wird erfüllt, wie auch immer, ob jetzt oder später. Deshalb wünscht man den anderen Gutes. Wünsche nie, so heißt es, etwas Schlechtes, denn das wird auch erfüllt; es ist die Kraft des Fluches.

In der Nacht ist also immer der Ruf der Wächter: ›Wie weit ist es in der Nacht?‹ Es ist die Unruhe im Menschen, die ihm zuruft und gleichsam fragt: ›Wie weit ist es mit deiner Sehnsucht?‹ Diese Unruhe sind die Priester, die auf den Mauern stehen, und voller Ungeduld in die Nacht schauen.

Es gibt, wie wir sagten, die drei Nachtwachen. Gemeint ist natürlich nicht eine kausale Reihenfolge. Zeit ist, wie wir wissen, auch eine Einheit, und dann gibt es in ihr kein Vorher und kein Nachher. Drei Nachtwachen meint eine Dreiheit, die unsere Erfahrung, die Möglichkeit einer Erfahrung überhaupt, kennzeichnet.

Gesprochen wird vom »Esel, der schreit«. Der Esel ist das, worauf der Mensch reitet: seine körperliche, leibliche Erscheinung. Sie trägt den Menschen. Wenn — wie so oft in der Bibel — vom Herabsteigen vom Esel erzählt wird, so ist damit gemeint, daß der Mensch seine Erscheinung *hier* verläßt. Das geschieht nicht nur im Tod, sondern auch in der Nacht, im Traum, in der Meditation, im Gebet. Abraham und Isaak steigen vom Esel herab, wenn sie sich zur Opferstätte begeben, Bileam steigt vom Esel herab, und die Söhne Jakobs steigen ab vor Joseph. Gemeint ist immer das Verlassen des Zwanges, das Verlassen einer Gesetzmäßigkeit, die zwingt. Der Esel ist sehr nützlich, aber er ist auch sehr eigensinnig. Der Reiter möchte so, aber der Esel geht anders. Der Esel ist aber auch gut, er führt dich sicher und bringt dich überall hin, denn er hat keine Angst. Wenn er aber Angst hat, dann kann man sich darauf verlassen, daß es einen Grund gibt.

Die Überlieferung erzählt, daß das, was den Menschen trägt, das Skelett, 248 Teile hat. Das hebräische Wort für Esel, »chamor«, schreibt sich 8-40-200, also 248. Demnach erfahren wir in der ersten Nachtwache, daß wir *hier* an das Reittier gebunden sind, an den Körper. Wir sind abhängig

vom Esel. Der Esel schreit, er meldet sich und sagt:
›Ich bin da. Wozu bin ich da?‹ Das geschieht in der
ersten Nachtwache; als erstes in *jeder* Erfahrung
meldet sich das, was uns trägt, unser pied à terre.

In der zweiten Nachtwache heulen die Hunde.
Der Hund ist treu, wenn er bei dir ist, bewacht
dein Haus. Zwar jagt er manchmal die Katze fort
— das ist dann traurig —, aber dir ist er treu, be-
gleitet dich auf die Jagd und kann das Tier für
dich fangen. Das will sagen: Wenn du diese Welt
kennenlernen willst, brauchst du den Hund, hebräisch »kelew«, 20-30-2. Kalew, Sohn von Je-
phune, heißt auch einer der beiden, die lebendig
ins Land kommen; der andere ist Josua, Sohn von
Nun. Es bedeutet, daß der Hund führen und hin-
überführen kann. Die Zahl 52, die Quersumme
der Zahlenschreibweise des hebräischen Wortes für
Hund, hat die Struktur der 4 mal 13, wobei die 13
von altersher als Zahl der Einheit gilt; im Hebräischen schreibt sich das Wort für eins, »echad«, als
1-8-4, das ergibt in der Quersumme 13. Der Hund
also kennt die Einheit, und wenn er bei dir im
Haus ist, ist er gut.

Ist der Hund aber draußen und allein und hat
keinen Menschen, dann heult er; er ist, könnte man
sagen, sinn-los. Wenn du erfährst, daß der Hund
heult, erfährst du, daß das, was dich führen könnte,
nicht da ist, draußen ist, heult, ja, gefährlich ist.
Du hast Angst vor den Hunden draußen.

Die zweite Phase der Nacht, das Zweite in *jeder* Erfahrung, sagt: Mein Leben hat nichts, das mich schützt, das für mich die Jagd tun kann, das mit mir geht. — Auf alten Grabmälern sieht man oft unter den Füßen der Toten einen Hund; der Mensch »steht« gleichsam auf dem Hund. Das ist ein altes Bild, es zeigt den Hund als den, der hier führt, und den, der vom Menschen geführt wird. — Die Hunde, die keinen Herrn haben, sind eine Gefahr, sie greifen an und beißen.

In der (vom Himmel aus gesehen) dritten Nachtwache haben die Frau und der Mann das Gespräch miteinander, und das Kind, die Frucht, ist da und erhält die Nahrung von den Brüsten. Im Hebräischen sind die Worte für Brüste, »schadajim«, und für Himmel, »schamajim«, sehr nahe verwandt. Dem Kind ist es selbstverständlich, daß seine Nahrung aus einer anderen Welt kommt. Im Zeichen der dritten Nachtwache begegnen sich das Männliche und das Weibliche, das Kind erscheint und die Nacht ist zu Ende. Wenn das Paradox da ist, ist es gut. Mann und Frau sollen miteinander reden, das Gute soll mit dem Bösen, das Erscheinende, Kausale mit dem Akausalen reden. Wenn dieses Gespräch stattfindet, muß das Kind gar nicht erst geboren werden, sondern es ist schon da. Sobald die Wächter in der Nacht das verkünden, bedeutet es im Menschen: Es ist gut.

Der Mensch, der die Auseinandersetzung hat,

der die Ungerechtigkeit nicht erträgt, der sich schlecht fühlt, weil es im Erscheinenden gar nicht stimmt, bei dem ist das Gespräch da zwischen Mann und Frau. Er ist vielleicht enttäuscht, fühlt sich angegriffen, aber er hat die Sehnsucht, weiß, daß es gut ist. So reagiert auch der Körper auf eine Krankheit äußerst gereizt, er widersetzt sich, er kämpft. Ein Riesenkampf der Blutkörperchen findet statt, eine Auseinandersetzung, ein Gespräch. Entscheidend ist das, wodurch der Protest gegen die Krankheit geschieht.

Immer ist im Menschen der Priester da, der wacht und ruft: »Wie weit ist es in der Nacht?« Es ist das im Menschen, das sich nach dem Tag sehnt. Und der Ausdruck dieser Sehnsucht ist der Wächterruf. Die Sehnsucht ist da, die wach ist. Der Tempel wird von der Sehnsucht bewacht; sie sorgt dafür, daß zur Tageszeit alles eintreten kann und daß im Tempel Gott da ist und spricht.

Daher, so heißt es, soll man dem Menschen, dem man begegnet, immer diese Sehnsucht bringen, diese Hoffnung: Es wird erfüllt werden. Denn einmal wird der Mensch verstehen, warum Gott das Böse geschaffen hat.

Diese Frage nach dem Bösen bleibt. Warum nicht gleich Helligkeit? Warum muß die Sehnsucht sein, der Wächter, die Wache in der Nacht?

SECHSTES KAPITEL

DIE NACHTWELT DES WACHEN BEWUSST-
SEINS · DAS GEBET · DER TAG ALS SPIEGELBILD DER
NACHT · DIE VIER EXILE · DIE EINHEIT VON
EXIL UND ERLÖSUNG · TRÄUME DEUTEN IST WIE
KRANKHEITEN HEILEN

Wir haben von der Seite des Lebens gesprochen, in der wir wahrnehmen, konstatieren,
urteilen, zusammenfassen; da sind wir — oder
fühlen uns als — Herr über die Welt und das befriedigt uns. Es ist das Streben, »wie Gott« zu
sein. Und in diesem Hochmut ist, könnte man
sagen, natürlich auch die Sehnsucht nach der Herkunft, die Erinnerung an den Urzustand — wenn
auch verborgen — enthalten. Daher nimmt der
Mensch sein Urteilen sehr wichtig. Er spürt sich
irgendwie auch da im Bilde Gottes. Er spürt, daß
er eigentlich anders und auch mehr ist, als er sich
einredet zu sein oder als ihm eingeredet wird. Er
spürt das Andere auch.

Erinnern wir uns an das Beispiel von der Frau
des Potiphar. In den Augen der Welt zeigt sich die
Episode als Verführung, als etwas Gemeines. Aber
im *Kern* spürt die Frau doch: Wir gehören eigentlich zusammen. Oft geschieht es so auch im Menschen. Immer verleitet, verführt ihn sein Hochmut.

Dennoch *ist* er im Bild Gottes. Das ist keine Phrase. Ständig wird der Mensch von seinen alltäglichen Wahrnehmungen zum Urteilen aufgefordert. Das ist sein Leben in der Welt der Kausalität. Wir nannten es auch ein Leben in der Nacht, wo alles eigentlich sehr vage ist, die Umrisse nur in großen Zügen zu sehen sind. Der Raum beschränkt. Sein Zimmer kann er überblicken, ein paar Straßen weiter kann er sehen; von der Spitze eines Berges aus sieht er noch weiter, aber dafür keine Details mehr. Er ist beschränkt in der Einsicht im Raum, er ist beschränkt in der Einsicht in Zeit. Das Heute überblickt er vielleicht noch vage, die Vergangenheit ist ihm schon entronnen, die Zukunft noch unsicher. Aber ohne Unterlaß spürt er in sich den Drang zum Urteilen.

Von da her nannten wir es ein Leben in der Nachtwelt. Wir sahen es als ersten Teil eines Ganzen, das mit den Worten der Schöpfungsgeschichte als »Abend und Morgen« genannt wird. Der zweite Teil dann ist die Tagwelt.

Unser Leben des wachen Bewußtseins ist die Nachthälfte, denn wir kommen in der Übersicht nicht weit. Immer werden wir sofort wieder gebremst, können nicht durchdringen. Wir leiden unter der Beschränkung, bekommen Kopfweh, werden nervös. Wir leiden wie Adam, als er sieht, daß ihm das Paradies, das er kannte, verlorengegangen ist, und der nach der Vertreibung die Nacht schwerer und schwerer auf sich lasten fühlt. Das ist das Schreckliche: Er versteht es nicht und glaubt doch, nach der Art seines Wahrnehmens urteilen zu *müssen*.

In der Nacht aber, heißt es, sollst du schlafen, träumen. Es bedeutet, daß du es in der Nacht *sein* läßt, daß du aufhörst, Erklärungen und Deutungen mit der Sicht der Nachtwelt aufzubauen. In der Nacht sollst du die ganze Wahrnehmung *lassen*. Alle alten Kulturen — alt auch im Sinne von tief im Innern des Menschen — kennen dieses Lassen als Meditation. Es ist ein Leermachen von den Dingen der Wahrnehmung und des Urteils, ein Sichentfernen von der beschränkten Sicht der Nachtwelt, die bedrückt und nicht hindurchzudringen vermag.

Du ziehst dich davon zurück und wirst leer. Dann ist die Möglichkeit, daß das Andere hineindringen kann. Wenn diese Leere ist, wenn du so Ruhe hast, kommt es von selbst. Das Jenseitige *ist* in dir schon da; aber es kann nur wirken, wenn du die Tür öffnest. Waches Bewußtsein aber heißt: alle Türen schließen, nichts vom Jenseitigen wissen wollen, es »ein Märchen« nennen.

Was ist ein Gebet? Die meisten halten es für schöne Worte, an die man doch nicht glaubt. Hat man vergessen, daß ein Gebet ein Sichlösen von dieser Welt ist, ein Hineinlassen der anderen Welt? Das Wort für beten ist im Hebräischen identisch mit dem Wort für »Relativieren«; dieses Leben mit einem anderen Leben in Relation bringen; das andere Leben einlassen. Oft wird das Gebet als Bitte um Hilfe angesehen, die von irgendwoher kommen soll. Das ist ein Mißverständnis. Du selbst bist so wichtig, daß du dir selbst helfen lassen müßtest von deinem eigenen Jenseits her, denn dort bist du ganz bei Gott.

Ich habe mich schon immer gegen Meditationstheorien oder -praktiken gewandt, die irgendwie geartete Leistungen oder Übungen vorschreiben. Das ist ein Spiel und kommt aus einem westlichen Mißverständnis und Unverständnis. Meditieren heißt, im Leben überhaupt relativieren zu können; so entspannt sein im Leben, daß das Andere Einlaß erhält. Techniken sind für Meditation und Gebet untauglich.

Das Übertreiben der naturwissenschaftlichen Denkweise läßt uns alles so sehen, als ob wir Techniken brauchten. Wir müßten aber im Leben viel mehr *sein* lassen, das Andere zulassen, damit es Verbindung bringen kann. Das Andere läßt mich erfahren, was Leben ist, läßt mich erfahren, daß ich bin. In dieser Erfahrung bin ich glücklich, ausgeglichen, an einem Ort; und nicht umherirrend und ohne Wissen, wo ich hingehöre.

Im Leben in der Nachtwelt müßten wir Verbindung suchen zum Schlaf. Schlaf ist doch ein Über-sich-kommen-lassen. Man sollte keine technischen Mittel — Konzentrationsübungen oder pharmazeutische Mittel — benutzen müssen, um schlafen zu können, sondern sich einfach im Leben hingeben — dem Schicksal und allem, was begegnet —, dann kann man auch schlafen. Wer zwingen will, braucht auch Zwang zum Schlaf.

Im wachen Leben könnte man das Kausale als schöne Illustration sehen, wie man auch in der Nacht schöne Dinge sehen kann. Im wachen Leben kommt doch alles auch ohne mein Wissen. Was in der Nacht auf mich zukommt, sehe ich erst, wenn es ganz nah bei mir ist; aber es kommt doch auch schon auf mich zu, wenn es noch durch eine weite Distanz getrennt ist. Ich muß doch nicht weit sehen können, daß es kommt; auch nicht berechnen: ›Wann wird es bei mir sein?‹, sondern kommen lassen, zulassen, daß Dinge geschehen.

Die Krankheit unserer Zeit ist es, daß man nicht erträgt, daß es kommt wie es kommt. Man möchte es lenken, planen, unter Zwang bringen. Eigentlich weiß man gar nicht, *was* man will; aber man verlangt immer nach dem, was man gerade nicht hat, und wird böse, wenn man nicht gerade das bekommt, was man sich in den Sinn gesetzt hat.

Versucht man aber, im Leben das zuzulassen, was kommt, kommt auch der Traum im Schlaf. Der Traum kommt dann auch frei. Der Traum, könnte man sagen, verlangt eigentlich einen Schlaf, der ihn einläßt.

›Entspanne dich‹ meint viel mehr als nur Muskeln lockern. Entspanne dich, daß du nicht fortwährend zwingst und mit deinem Schicksal haderst. Du mußt nicht ständig analysieren und kritisieren. Laß es. Wenn du es läßt, kommt dir im Lassen gleich die Kraft des Anderen. Dann »träumst« du in dem Sinne, daß dir Begegnungen geschehen und du »Nahrung« erhältst. Du empfängst und freust dich, daß es da ist. Du verstehst dann auch Traumdeutung: Was dir kommt, verstehst du an der Tagseite deines Lebens. Ist der Tag eine Projektion dessen, was in der Nacht geträumt wird, dann ist der Mensch — so sagt es das alte Wissen — ausgeglichen, königlich, göttlich, menschlich; dann ist der Mensch »kascher«, was man mit »richtig«, »recht« übersetzen kann und was mit »kascher«, »recht zum Essen« identisch ist.

Dem ausgeglichenen Menschen geschieht während des Tages, was er in der Nacht geträumt, »gesehen« hat; nicht im Sinne einer Kausalität, sondern im Sinne einer Spiegelung: Am Tag spiegelt sich, was in der Nacht ist. Es sind die zwei Seiten des Lebens, die, wie die zwei Cherubim einander gegenüberstehend und sich anschauend, *ein* Fundament haben. Es sieht aus wie ein Gegensatz, ist aber *eins*, wie Tag und Nacht im Menschen *eins* ist. So ließe sich auch sagen: Weil du am Tag richtig bist, ist die Nacht ausgeglichen. Beides ist aus dem Paradox in einem.

Wie du hier lebst, lebst du im Jenseits. Damit ist nicht »nach dem Tode« gemeint; das alte Wissen sagt, daß es kein Vorher und kein Nachher gibt. Tod ist im Moment, in dem du lebst, auch mit da. Du kannst den Tod als Spiegelbild des Lebens sehen. Leben und Tod sind wie Nacht- und Taghälfte: zusammen der Tag.

Wie du lebst, so ist dein »Lohn«. Nicht nachher, sondern jetzt schon. *Hier* bist du im Spiegelbild, *dort* lebst du. Dein Jenseits spiegelt sich hier. Diese Einheit kann und darf man nicht trennen. Wenn du trennst, die gemeinsame Wurzel der beiden Bäume durchhaust, verlierst du den Ursprung.

Wir könnten jetzt verstehen, daß gesagt wird: So wie du hier im Leben — in der Nachthälfte — lebst, so wirst du auch in der Taghälfte leben, wenn diese in der Zeit erscheint. Vom Gericht heißt es, daß es an der Grenze steht zwischen der Nachtwelt, dem Leben im Diesseits, und der Tagwelt, der Welt der Erlösung, und richtet. Nach der Überlieferung bedeutet das Gericht: Wie du hier lebst in der Nachthälfte, in der noch gefangenen Welt, so wirst du in der Tagseite, nach der halben Weltzeit der dreieinhalb Zeiten leben; den richtigen Weg gehend hier — dort auch, den Weg verfehlend hier — dort auch.

Das Leben in der Nachthälfte wird auch die Welt des Exils genannt. Was bedeutet Exil? Es heißt, daß alles schon dadurch im Exil ist, daß es hier in dieser Welt geboren wird. Demnach meint Exil: gefangen in der Form, damit die Form, die gefangenhält, durch den Kontakt mit dem Höchsten, das in die Form kommt, erlöst wird. Der Mensch, könnte man sagen, erlöst seinen Körper. Er erlöst die Welt, mit der er zu tun hat. Er erlöst mit seinem Dasein. Er braucht gar keine Erlösungsabsicht zu haben.

Vom Menschen wird vielmehr erwartet, daß er durch sein Sein schon erlösend wirkt. Vom Menschen, der *ist*, geht Ruhe aus, nicht aber vom Menschen, der durch Absichten gespannt ist. Das Sein ist wie der Schlaf. Im Schlaf ist das Gesicht entspannt, während des Tages ist es oft eine Grimasse. Man glaubt, man dürfe die Maske nicht ablegen, weil man sonst lächerlich würde. Dabei könnte man ruhig seine »Blöße«, wie im Paradies, zeigen.

Der Mensch kommt in die Form, damit er *ist*. Wie Christus in die Welt kommt, um zu sein. Was alles dann geschieht, soll man aus dem Sein verstehen. Er kommt nicht mit der Absicht, dies und jenes zu tun. Er ist *da*, und dann geschieht schon manches.

Die Natur, die Gewächse und Tiere sind entspannt. Nur beim Menschen, im Kontakt mit dem Menschen, werden Hunde, Katzen, Pferde, ja sogar Vögel neurotisch. Ausdruck der Spannung des Menschen ist auch die Architektur der Städte; man fährt »aufs Land«, um zu entspannen.

Das Exil, die Verbannung, ist also keine Strafe. Die Welt ist geschaffen, damit du den Weg gehen kannst, vom Äußersten nach Hause. Auf dem Weg aber — du kommst ja gleich ins Äußerste und kennst das Zuhause dort nicht — glaubst du, alles schon verstehen zu können, obwohl du nur die eine Seite kennst. Der Weg aber ändert sich ständig, die Landschaften wechseln, du kannst gar nichts festhalten. Willst du festhalten, wird der Weg zur Qual; es geht dir dann wie Adam, der glaubt, die Nacht geht nie zu Ende, und keinen Sinn mehr sieht.

Entscheidend aber im Leben ist die Sehnsucht nach dem Sinn. Die Sehnsucht braucht kein Ziel, das erreichbar ist — im Gegenteil, sie soll ganz frei sein. *Hier* ist das Ziel der Sehnsucht nur ein Traum. Hier seufzt du, daß du gefangen bist, und drückst so die Sehnsucht nach dem Anderen aus. Nur mit der Sehnsucht ist der Weg in seiner Doppelheit zu gehen: als Unterwegssein und als Zuhausesein. Eine Qual ist das *nur* Unterwegssein. Der Weg ist aber zu ertragen, wenn man das Zuhause kennt.

Eine alte Geschichte erzählt, daß der Mensch vom Himmel in die Welt hinuntersteigt. Seine Wurzel, sein Ursprung, ist ebenso jenseitig, unsichtbar und unermeßlich wie der Himmel. Der Himmel ist sein Zuhause, von dort kommt er her, hier ist er im Exil.

Auch die Natur, die ganze Schöpfung, hat ihr

Zuhause in der Einheit Gottes. Die Überlieferung erzählt es so: Im selben Augenblick, in dem Gott den Gedanken faßt, die Welt zu schaffen, entsteht die Welt als Gegenüber im anderen Äußersten. Gottes Willen, sich zu geben, steht der Wille, zu nehmen, entgegen. Dem Schenken steht entgegen das Ergreifen, das In-Besitz-nehmen, das »Fressen«. Gott übergibt sich dem Anderen, daß es ihn frißt. Das Neue Testament erzählt, daß Jesus in die Welt kommt, hinunterkommt, damit er überliefert werde.

So gesehen ist die Welt boshaft. Sie ist boshaft, weil dem die unbegreifliche, schenkende Liebe gegenübersteht, die den Bösen irritiert. Diese Liebe gibt alles und achtet sich selbst für nichts. Anfangs findet das der Beschenkte schön, aber dann kommt ein Punkt, wo er es nicht mehr erträgt, dann kommt der Ärger. Auch in jeder therapeutischen Analyse kommt dieser Punkt; der Patient wird dann böse oder — verliebt, je nach dem. In dieser Phase entsteht der Ärger, weil er so viel von sich gegeben, erzählt hat. Dann, sagt man, hat es gewirkt, denn die Erlösung kann nur durch diesen Ärger kommen (auch mit Verliebtsein). Entscheidend ist das Böse-werden darüber, daß ich jetzt von *meiner* Seite her erschaffen bin — wie die Erde erschaffen wurde — und mich dem widersetze.

Die Erde als Natur ist hart und grausam. Ihre Bakterien und Viren töten, mit Giften, Kälte,

Feuer und Wasser kann sie vernichten; sie läßt oft das Leben nicht zu, tötet es schon im Keim. Du kommst zu ihr, um sie zu erlösen, und sie »frißt« dich, tötet dich, legt dich in ihr Grab oder verzehrt dich mit Feuer. Es will sagen: Sobald der Wille da ist, aus der Einheit, die alles enthält, etwas zu geben, etwas zu erschaffen, damit der Weg gegangen werden kann, — entsteht jenseits das Boshafte. Deshalb sagt man, das Böse kann für seine Bosheit nichts. Die Katze frißt den Vogel, so ist sie gemacht, schlag sie nicht dafür. Und die Menschen, könnte man sagen, »fressen« einander, nehmen einer dem anderen die Position, den Freund, die Frau, den Mann. Das Böse ist, dem anderen nicht zu gönnen, was er hat und daß er es hat.

Der Liebe steht die Mißgunst, das Böse, gegenüber. Und das ist der andere Punkt, von dem nun auch der Weg anfängt. Es braucht den Menschen, damit der Weg kommt, den Menschen als »Krone der Schöpfung«. Der Weg beginnt, wenn Gott sagt: Jetzt komme ich in meinem Bilde. »Adam« bedeutet doch: Er gleicht mir, ich gleiche ihm.

So kommt Adam, der Gott gleicht, in die Welt hinunter. Die Überlieferung erzählt, wie er hinuntersteigt, durch welche Phasen. Es ist ein Hinuntersteigen des Göttlichen. Der Mensch ist noch nicht Mensch, sondern noch Gott.

Man sieht es so: Wenn Gott hinuntersteigt, entspricht dem hier ein Hinaufsteigen. Es beginnt das

Hinab-Hinauf, das Entsprechen, bis sie sich begegnen, auf halbem Wege, könnten wir sagen. Und in der Begegnung geschieht die Erschaffung des Menschen. Bei der Begegnung ist der Mensch noch im Paradies, aber dann fordert ihn die Erde und sagt: Ich brauche dich hier, du mußt zur Befreiung kommen. Das ist der Angriff der Schlange: Du schenkst dich, ich aber will dich »fressen«, beißen. Da kommt der Mensch vom Paradies zur Erde, und der Weg fängt an. Da beginnt auch die Geschichte der Bibel.

Hier lebt der Mensch nun in der Welt der vier Grundlagen, der vier Elemente. Das alte Wissen spricht auch von den vier Reichen, den vier Exilen. Immer ist hier eine Vierheit, wie es auch die vier Richtungen des Kreuzes zeigen. Das erste Exil heißt das Exil von Babel, das zweite das von Persien und Medien, das dritte ist das Exil von Jawan (Griechenland) und das vierte ist das Exil von Edom (Rom). Das Hinuntersteigen endet auf der Erde, die das vierte Element ist, und wie Edom, das vierte Exil, auf »tönernen Füßen« steht. Das Bild wird beim Propheten Daniel im 2. Kapitel gegeben: Ganz oben Gold, dann Silber, dann Kupfer, ganz unten aber Ton, Erde für den Töpfer.

Durch die vier Welten steigt der Mensch, wie erzählt wird, hinunter. Die Welt nahe bei Gott, die erste, heißt auf Hebräisch »aziluth«. Dann folgen die Welt der Schöpfung, »bria«, und die Welt der

Formwerdung, »jezira«. Die vierte, unsere Welt des Tuns und Bewegens, heißt »assia«; aber in dieser vierten Welt sind alle anderen auch mit da, erscheinen mit.

Hier unten leben wir in der Welt der vier Exile. Durch alle vier Exile müssen wir hindurch, bis wir zur Erde kommen, zum Ton. Das Bild bei Daniel zeigt, daß alles auf dem Ton fußt, auf »tönernen Füßen« steht. Die vier Exile zeigen dem Menschen: So ist dein Leben, es ist wie die Nacht. Exil bedeutet Gefangensein unter Mächten, die man nicht verstehen kann.

Die Exile haben Könige. Das erste, das von Babel, hat Nebukadnezar, der die Welt vernichtet, den Tempel verbrennt; die Wohnung Gottes hat dann keine Heimstatt mehr hier. Über das Reich von Persien und Medien herrscht der König Achaschwerosch (Xerxes oder Artaxerxes, wie man ihn heute nennt); das Exil von Jawan beherrscht der Griechenkönig und das vierte, von Edom, der Römerkönig.

Diese Könige erscheinen hart und herrschen voller Willkür; so sind auch Welt und Leben, hart und enttäuschend, man kann sie nicht verstehen. Unser Tun beherrschen diese Könige, die Herrscher dieser Welt. Sie tun, was von uns getan wird. Sie sind hart und voller Willkür, ja grausam. Sie zwingen uns, hier zu leben.

Was ist unser Leben *hier?* Sollen wir im Exil

untergehen? ›Nein‹, ist die Antwort, ›du sehnst dich doch nach der Erlösung.‹ Erlösung bedeutet: Erlösung aus dem Zwang, Erlösung aus dem Gefühl, sich als Opfer des selbstauferlegten Zwanges zu erleben, dies oder jenes tun zu müssen. Erlösung meint auch, daß der Mensch frei seiner Umgebung gegenübersteht; er braucht nicht mehr zu spielen, was seine Umgebung von ihm verlangt.

Erinnern wir uns, daß wir sagten: In der Nacht sehnt man sich nach dem Tag. Entsprechend heißt es nun: Im Exil sehnt man sich nach Erlösung. Exil *ist* nur, weil ich dem gegenüber Erlösung spüre. In der Welt ist die Einheit von Exil und Erlösung. Man kann also nicht sagen, erst ist das Exil, dann kommt die Erlösung. Für uns zeigt sich zwar hier alles in Vor und Nach, als das Eine und das Andere, als Oben und Unten, Tag und Nacht; *sehnt* man sich aber, weiß man in seiner Sehnsucht eben, daß Erlösung schon ist; wie man auch in tiefer Nacht weiß, daß der helle Tag ist.

Wie du dich während des Exils verhältst, sagt man, so geschieht dir Erlösung. *Glaubst* du nicht an Erlösung, wirst du auch nicht erlöst. Wenn du nur die Gefangenschaft gelten läßt, erschaffst du sie dir eben damit. Was du glaubst, kommt dir auch. Daher wird in der Überlieferung der Sehnsucht ein so entscheidender Wert beigemessen. Bringe einem Menschen, so heißt es, immer das Samenkorn des Sich-sehnens. Bringe ihm auch jenes

Seufzen, das meint: ›Wie ich jetzt hier lebe —, das ertrage ich nicht.‹

Die Befreiung aus Ägypten kommt, wird gesagt, weil Israel seufzt. Das Exil von Ägypten gilt als das Exil, das als Einheit den vier Exilen gegenübersteht, welche die Vierheit dieser Welt des Weges sind. Entsprechend steht der Tag als Einheit der Nacht gegenüber, die — von der Erde aus gesehen — in vier Nachtwachen geteilt ist. Trennt der Mensch den Tag von der Nacht, die 1 von der 4, dann ist ihm das Leben unerträglich.

Das Exil von Ägypten gilt als Zeichen dafür, wie der Mensch überhaupt im Exil lebt. Er kommt, so heißt es, nicht durch eine Schuld ins Exil, sondern durch ein Geschehen. Vergegenwärtigen wir uns die Geschichte von Joseph und seinen Brüdern. Joseph wird verkauft und kommt *hinunter,* steigt *hinab* nach Ägypten. (Die Befreiung aus Ägypten ist ein Aufsteigen, wie man in den Himmel hinaufsteigt.) Wenn Joseph in Ägypten ist, kommen später auch seine Brüder und sein Vater. *Alles* kommt nach Ägypten, die 70 kommen, wie erzählt wird, zu dem Einen. Das geschieht, wo die 4 beginnt nach der 1, die 4 Bücher nach dem 1. Buch Mose, dort ist schon Exil.

Exil kann und darf nie mit Schuld gekennzeichnet werden. Die Brüder haben Joseph zwar verkauft, aber Joseph sagt selbst, es sei Gottes Wille gewesen, daß ihm das angetan werden mußte, denn dadurch könne für alle zusammen nun Erlösung sein.

Nie soll man sagen: ›Ich habe Schuld gehabt und bin jetzt im Exil.‹ Selbstvorwürfe wie ›Da habe ich einmal falsch geantwortet und deshalb ist dann alles schief gelaufen‹ sind Ausdruck des Gefangenseins im kausalen Denken. Das wird zum Teufelskreis, aus dem man nicht mehr herauskommt. Man kann nur sagen: Es war eben so, du hast das sagen und tun müssen. Nun aber laß es *sein,* schlafe doch, denn so war es nun einmal. Du bist im Exil, die Zeit war da, es sollte hinuntergehen, länger durfte es nicht bleiben, sonst hätte die Welt nicht bestehen können.

Vom Exil Israels in Babel wird gesagt: Keine Minute länger hätte der Tempel stehen können, die Welt wäre untergegangen. Im selben Augenblick, in dem die Welt der vier Exile — der Weg — beginnt, wird der Tempel zerstört. Die Schlange vergewaltigt die Frau, beißt den Menschen, weil sie es tun muß; ohne die Verführung durch die Schlange gäbe es die Geschichte der Bibel gar nicht. Der Weg fängt an mit der Schlange, die beißt.

Schlange bedeutet — so sagten wir — Änderung, neues Geschehen. Daher kann man nie sagen, daß etwas geschah, weil man Falsches tat. Andererseits kann man sich aus dem Exil nie selbst erlösen; man kann nichts unternehmen. Alle Unternehmungen, das Exil zu verlassen, scheitern. Die Söhne Ephraims kämpften sich hinaus und gingen unter. Es will sagen, wenn du berechnest, etwas mit Zwang unternimmst, wirst du im Exil bleiben. Das ist ein Gesetz.

Du seufzt und sehnst dich nach Befreiung, aber tun kannst du nichts, denn alles Tun steht unter dem Zwang des Kausalen. Es heißt, du wirst erlöst durch das »Verdienst der Väter«; damit ist gemeint, daß die Erlösung im Kern schon da ist, denn deine Väter sind der Ursprung von dir und deiner Welt. Die drei Welten »aziluth«, »bria« und »jezira« sind wie die drei Erzväter Abraham, Isaak und Jakob — eine Dreiheit, die zum vierten hinunterkommt. Die Väter sind schon da, deshalb ist Erlösung. Wenn du aber hinausgehst und Erlösung erkämpfen willst, gerätst du in immer schlimmeres Exil.

Von da her leitet sich im Judentum die heitere Gelassenheit auch unter den schlimmsten Verfolgungen ab. Im Exil ist die einzig mögliche Haltung, der Welt gelassen gegenüberzustehen. Wie du auch in der Nacht nur schlafen und träumen kannst, wenn du *es* läßt; dann ist dein Träumen in der Nacht die Wirklichkeit bei Tag. Kannst du aber nicht schlafen, dann meldet sich der Traum, du erwachst und sagst: ›Ich habe geträumt; was war es, wie kann ich es verstehen?‹ So bedrängen die Träume den Pharao; der Mundschenk und der

Bäcker träumen, Joseph träumt und wird verkauft, Nebukadnezar hat fortwährend böse Träume. Das Sich-melden der Träume meint, daß etwas nicht durchgekommen ist; du kannst bei Tage nicht leben, weil du in der Nacht nicht gelebt hast, die Nacht war nicht gelassen.

Erlösung, wird gesagt, kann nur kommen, wenn du zu Hause bleibst. In Ägypten stirbt jeder, der in der Nacht der Befreiung außerhalb des Hauses ist. Es bedeutet: Was du *willst,* kommt nicht zustande. Bleib zu Hause, feiere ein Fest, dann wirst du erlöst, kommt die Freiheit, kommt, was du träumst, und kommt viel mehr, als du je träumen könntest.

Im allgemeinen aber sind wir aufsässig. Wir haben es in uns, daß wir glauben, schnell dies oder jenes tun und erreichen zu müssen; es ist ein Zwang. Der andere spürt meinen Zwang, meine Unruhe, wird auch unruhig, reagiert unruhig, Reibung entsteht, Ärger kommt auf, es geht daneben.

So lebt der Mensch in der Nacht des Exils, gefangen in einer grausamen, boshaften, verärgerten Welt und soll — wie in der Nacht — schlafen, *sein* lassen. Es gibt ein altes Wort im europäischen Judentum, das sich auf Polen bezieht; Polen war lange Zeit das geistige Zentrum des Judentums. Im Hebräischen wird Polen mit »po-lin« wiedergegeben, was als Übersetzung »hier übernachte« hat. Das Exil sieht man als ein »Übernachten«, es meint: Lasse es kommen, mische dich nicht ein, urteile nicht, tue nicht mit. Der Weg sei die Gelassenheit, dann kommen die Wunder schon. Dein Tun sei, daß du es läßt.

Das Träumen kann nur sein, wenn du schläfst. Dann geschehen dir Begegnungen; du staunst und siehst, am Tage kommt es. Nun gibt es, wie wir schon sagten, auch Träume, die sich melden, an die wir uns bei Tage erinnern. Ein solcher Traum ist wie eine Krankheit, die sich meldet. Die Verbindung zwischen Schlaf und Wachsein funktioniert nicht, es ist ein Überfließen da, ein Zuviel. Der kranke Mensch ist zerbrochen, und der Bruch meldet sich in der Krankheit.

Wir kennen doch die Kinderkrankheiten. Ein Kind erlebt im Wachstum sehr viel; es sieht, daß die Welt gar nicht seine Traumwelt, sondern sehr böse ist. Selbst die Mutter entspricht nicht seiner Vorstellung, sie enttäuscht. Dafür kann das Kind noch keine Erklärungen finden; es erfährt das Nicht-Gleichgewicht-haben im Leben in den Kinderkrankheiten.

Bei der Geburt, könnte man sagen, ist das Kind noch halbwegs im Paradies, aber auch schon hinunter zur Erde gekommen. Dornen und Disteln, das »im Schweiße des Angesichts«, Geburtswehen — all das erfährt das Kind in den Kinderkrankheiten.

Man sagt, wie man Krankheiten heilen muß, so

muß man auch den Traum heilen, der von einem Bruch herrührt. In der Überlieferung nennt man einen Traum deuten eine Krankheit heilen. Die Deutung des Traumes wäre, daß du den Traum, der sich meldet, ins Leben hinüberbringst. Der Traum wird dabei wieder Leben, das Gleichgewicht, die Harmonie, wird wiederhergestellt.

Nie darf ein Traum so »gedeutet« werden, daß man ihn kausal auf den Nutzen des Tages oder des Lebens bezieht. Deuten ist wie Heilen: Du mußt dich mit dem, dem du den Traum deutest, ebenso engagieren wie der Heiler mit dem Kranken. Vielleicht versteht man nun auch, warum Hiob so böse wird, wenn die drei Freunde kommen, ihn zu trösten. Die reden zu ihm aus ihrer gesunden, frohen Existenz, sind angesehen, reich und strahlen, während er der arme Kranke, der Patient ist. ›Ich ertrage euch nicht‹, so etwa meint Hiob, ›ihr seid mir zu gesund, könnt schön reden, ich spüre bei euch kein Leiden.‹ Statt Mit-leiden geben die drei Freunde Erklärungen.

Heilen bedeutet, daß man gleich zu gleich mit dem anderen engagiert ist. Du zeigst in deinem Leben heitere Gelassenheit, erfährst das Leben aber genauso wie der andere. Du stehst nicht über ihm, sondern ihm ebenbürtig gegenüber.

Der Priester oder Levite, der nach der Bibel der Heiler ist für den Menschen, besitzt nichts. Alle haben Besitz, der Levite nicht; er ist wie eine Witwe, eine Waise, ein Armer, ein Kranker — und wird auch in einem Atemzug mit diesen genannt. Der Priester ist voller Unruhe und doch Ruhe ausstrahlend; die Unruhe ist von seiner Gelassenheit stimuliert. Er kann dem anderen ebenbürtig gegenüberstehen, weil er nichts besitzt, weder Gesundheit noch etwas anderes. Er ist da und führt, weil er Ruhe hat, gelassen ist, schlafen kann — dennoch wachend und schauend, wie weit es ist in der Nacht. Deshalb kann der Priester heilen.

SIEBENTES KAPITEL

DIE TOPOGRAPHIE DER TRAUMWELT · DER
BAHNHOF · DAS TOTENSCHIFF · DIE BIBEL ALS GETRÄUMTES
WELT-BILD · DAS SCHÖPFERISCHE UND
DAS DESTRUKTIVE · HIMMEL UND ERDE · DER ANFANG
ALS CHAOS UND FINSTERNIS

Wir haben von den vier Exilen gesprochen.
Ich hoffe, der Zusammenhang zwischen der
Nacht, die wie das Exil vom Kausalen geprägt ist,
und dem Leben in der körperlichen Erscheinung
ist klargeworden; man erlebt, wie wir sahen, im
Exil auch das Nichtkausale, wenn die Gelassenheit
da ist und man nicht durch Erklärungen zwingt.

Das Sich-melden eines Traumes wurde als unvollkommene Kommunikation zwischen dem Er-
scheinungsbereich (Leben des wachen Bewußtseins,
Leben im Kausalen) und dem Traumbereich (Leben aus dem Nichtkausalen) charakterisiert. Lebte
der Mensch, wie er eigentlich gedacht ist, käme der
Traum kaum vor. Sein Leben ist aber wie das
Gehen, das mit linkem und rechtem Bein abwechselnd geschieht, nie ist dabei *nur* Gleichgewicht.
Daher melden sich Träume oft.

Wir wollen versuchen herauszufinden, was die
Bilder aus der akausalen Welt *hier* bedeuten. Immer besteht dabei die Neigung, diese Bilder kau-

sal, also »gescheit« zu erklären; damit allerdings
werden sie auch gleich getötet, denn sie sind eben
Ausdruck eines Bereiches, von dem kausal nichts
erklärt werden *kann*. Eine Welt, die betont der
naturwissenschaftlichen Denkweise huldigt, ver-
baut sich oft selbst den Weg zu Möglichkeiten, die
ihr gegeben wurden.

Das wird z. B. auch deutlich, wenn man das alte
Wissen von den Sternen mit der modernen Astrologie vergleicht. Man glaubt, daß die Sterne auch
irgendwie zum Nutzen der Menschheit eingeschal-
tet sind, und sucht entsprechend durch *Berechnungen* zu erfahren, wie der Mensch ist und was er
tun und lassen soll. Das ist genau so falsch wie
eine Traumdeutung, die kausal erklären will.

Wir sehen gerade heute, daß die Erklärungen
immer differenzierter werden, bis sie sich schließlich im Nichts verlieren. Ein Horoskop heute
müßte ein sehr dickes Buch sein; eine Traumaus-
legung, die alle Richtungen der Psychologie miteinbezieht, verliert sich in immer weiter wuchern-
den Aspekten. Es wird dabei nicht klarer, sondern
immer komplizierter; diese Art Deutung verwirrt
statt zu heilen.

Dasselbe geschieht, wenn wir uns ein Weltbild
bauen wollen, das alles miteinbezieht, seien es Erkenntnisse der Atomphysik, der Verhaltensfor-
schung oder der Theologie. Eine ungeheuer kom-
plizierte Maschinerie von Erkenntnissen wird in

Gang gesetzt, die Übersicht schwindet und eine schreckliche Unlust kommt auf, weil man glaubt, alles müsse irgendwie berechnet und bewiesen werden.

Es zeigt sich heute geradezu eine Sucht, alles planen, lenken und steuern zu wollen. Man glaubt, die Welt funktioniere nicht, wenn man nicht ständig eingreift. Aus dieser Stimmung heraus schickt man einen Menschen, der sich nicht glücklich fühlt, gleich in »Therapie« und erwartet die Lösung, die Befreiung, von der Wissenschaft.

Was sucht der unglückliche oder kranke Mensch aber wirklich? Vielleicht machen ihn gerade die endlosen Erklärungen unglücklich? Vielleicht leidet er, weil er in der Sackgasse des Berechenbaren steckt? Und Wissenschaft bedeutet ihm vielleicht gar nichts, er sehnt sich nach dem Märchen, nach dem Unerwarteten, das einbricht. Statt »Therapie« hülfe ihm ein Mensch, der *da* ist wie er ist, ohne zu erklären. Man sollte der Überraschung die Chance geben, ins Dasein und in Erscheinung zu treten.

Das Erklären von Träumen verführt dazu, die Seite des Unerwarteten auszusparen und damit das Wichtigste zu verbauen. Man weiß doch, daß ein Schütze einem Wassermann etwa viel ähnlicher sein kann als einem anderen Schützen. Der unendliche Reichtum der Variationen läßt *immer* die Überraschung zu, nur wir mit unserem Erklärungszwang verhindern sie. Das Schicksal ist nicht determiniert; es sind viele Möglichkeiten da und von der Persönlichkeit, vom Moment, in dem sie entscheidet, hängt es ab, welche der Möglichkeiten Wirklichkeit wird.

Man müßte versuchen, Traumbilder gerade aus einer Welt des Nichtverstehens zu erleben, aus einer Welt des Empfindens und Fühlens. Eine solche Welt öffnet sich uns etwa in der jüdischen Überlieferung, im alten Wissen. Die Mitteilungen, die da gegeben werden, sind so unrational, daß man mit dem kausalen Verstehen nicht weit kommt. Dort gilt eine andere Struktur, gleichsam eine flüssige, die sich fallweise ändern kann.

Wie können wir herausfinden, ob eine alte Mitteilung wirklich echt, aus der anderen Welt inspiriert ist? Gibt es etwas, das uns die Topographie der Traumwelt erkennen läßt? In jedem Fall müßte es sich dabei um eine Struktur handeln, die mit logischen, berechenbaren Strukturen gar nichts zu tun hat. Ein Beispiel kann hier vielleicht einen Hinweis geben.

In anderem Zusammenhang habe ich einmal dargelegt, daß die Weltzeit mit der Zahl 58 zusammenhängt und mit achtundfünfzighundert angegeben wird. Nun gibt es Leute, die mit einer solchen Zahlenangabe die unsinnigsten Berechnungen anstellen. Tatsächlich ist diese Zahl aber ein wichtiger Hinweis auf einen Begriff. Im Hebräischen wird die Zahl 58 mit den Buchstaben Chet und Nun geschrieben; das daraus gebildete Wort »chen« bedeutet »Liebe«, »Gunst«, »Sympathie«, »Trost«. Durch das Wort und im Wort erscheint also etwas völlig Unberechenbares. Der Trost, könnte man sagen, kommt, wenn die Zeit da ist; Trost ist wie Liebe oder Sympathie etwas, das immer sein kann. In der Traumwelt gibt es eine Struktur von Begriffen, die im Gefühlsleben des Menschen ständig da sind und — wie Liebe, Haß oder Glück — weder berechnet noch gemessen werden können.

In den alten Mitteilungen wird ganz selbstverständlich von der Doppelheit des Menschen gesprochen. Häufig wird das dann mit »Leib« und »Seele« wiedergegeben, wodurch sich auch gleich die verhängnisvolle Trennung wieder einstellt. Wir sollten aber verstehen, daß zum Beispiel der Nabel nicht nur Leib ist, sondern auch Seele, nämlich *erscheinende* Seele, wie auch in der Seele der *verborgene* Nabel da ist. Alles ist so im Menschen jeden Moment doppelt da. Der Mensch verbindet als Mensch die Wirklichkeit des Erscheinenden mit der Wirklichkeit des Verborgenen; eine Teilung in Leib und Seele ist nicht möglich.

Versuchen wir nun, etwas weiter in die Struktur der Traumbilder einzudringen. Es heißt doch, die Bibel sei »geträumt«. Wir haben in ihr und dem dazugehörigen Komplex der Überlieferung ein

Welt-Bild, das aus der Traumwelt kommt. Es ist ein festgelegtes Weltbild, festgelegt in dem Sinn, daß alles, was geträumt wird, von dorther verstanden werden kann.

Wir träumen zum Beispiel von einem Bahnhof, kommen in die Halle, lösen eine Fahrkarte. Ein moderner Traum, ein Bahnhoftraum. Nun müßten wir uns fragen: Wo ist der Bahnhof im anderen Bereich? Die Bibel und der Midrasch kennen keine Bahnhöfe. Was bedeutet Bahnhof für uns? Ist die Halle wichtig? Ist es wichtig, daß Gleise da sind? Ist die Numerierung der Bahnsteige wichtig? Hat der Bahnhof Zusammenhang mit »verreisen«? Ich ändere meinen Ort, indem ich mich fahren lasse, ich gehe nicht zu Fuß. Ich muß irgendwie einsteigen in etwas und an einem anderen Ort aussteigen.

Nehmen wir nun ein ganz altes Bild: das Totenschiff bei den Ägyptern. Die Toten werden ins Schiff gelegt, fahren auf dem Fluß und werden an einem anderen Ort empfangen. Im Schiff sind Speisen und Gebrauchsgegenstände. Natürlich glaubte man nicht, daß der Tote essen müßte. Im Abbilden drückt sich vielmehr noch die Verbindung zu den Dingen aus; das Abbilden ist ein Festlegen der Dinge in unsere Welt. Weder in Feuer, Wasser noch in Luft läßt sich abbilden, sondern nur hier auf Erden auf allerlei Arten des Malens oder Modellierens.

Durch Bilder also wird die Beziehung, die Verbindung, hergestellt vom einen Äußersten — der anderen Welt — bis hierher. Die Tatsache des Abbildens zeugt vom Verlangen, das Ding hier zu haben. Für den Bau des Tempels, der Stiftshütte, gibt die Bibel viele Maß- und Materialangaben. Da könnte man auch fragen: Wozu braucht Gott das Gold usw.? Es genügte doch der Geist.

Bilder aber sind sehr wichtig. Sie wollen, wie der Traum zeigt, gesehen, verstanden werden. Was ist die Bundeslade? Was ist der Leuchter? Was ist der Altar? Was sind die Maße? — Warum eigentlich brauchen wir Augen, Haare, Nase und alles, was wir haben? Wir brauchen es, weil es Erscheinung hier aus dem Wesentlichen ist. Wir können nur leben, wenn hier — im anderen Äußersten — diese Dinge erscheinen. Mein Auge ist *dort* auch — nicht festeglegt wie hier, sondern dort: das Sehen, das Schauen, die Einsicht. Das Ohr *hier* ist *dort* das Vernehmen. *Hier* kann ich Ohren haben, zuhören und doch nicht vernehmen. Ist mein Ohr nur ein akustischer Registrierapparat? Oder läßt mein Ohr mich leben, weil ich vernehme, verstehe, mir etwas geschieht?

Ich habe vom Bild des Totenschiffes, das auf dem Wasser fährt, gesprochen. Wasser ist Zeit; das Schiff bewegt sich weg auf der Zeit, eine Bewegung weg von hier. Auf dem Schiff ist Nahrung. »Schiff« — das ist mein Ich (im Hebräischen ist das Wort für Schiff, »ania«, und für Ich, »ani«, praktisch identisch) —, mein Ich braucht Dinge zum Leben.

Was geschieht im Bahnhoftraum? Das Sich-zum-Bahnhof-begeben meint: der Bereich Zeit und Raum ist für mich sehr entscheidend. Es ist ja nicht so, daß ich nach Olten will und auch gleich in Olten bin; sondern ich muß mit der Bahn nach Olten fahren, d. h., ich brauche den Bahnhof.

Ein anderer Traum wäre es, wenn ich in meinem Zimmer in Zürich bin und jemanden hier haben will aus Olten und der ist dann auch gleich da und ich kann mit ihm sprechen; oder aber ich bin gleich bei ihm in Olten — ohne Bahn. In diesem Fall bleibt Olten Olten, die Bahn fehlt, aber der andere ist da.

Wir müssen, wie ich schon sagte, ein Verständnis für Bilder bekommen, und zwar anhand jenes geträumten Welt-Bildes der Überlieferung. Sonst ist die Deutung voll Willkür. Immer gibt es *unzählig* viele Lügen, aber nur *eine* Wahrheit. Die Wahrheit ist unabänderlich, während die Lügenmöglichkeiten in Vielheit erscheinen. Wahrheit, hebräisch »emeth«, schreibt sich 1-40-400, ergibt also 441. Die Quersumme dieser Zahl ist 9 — die einzige Zahl, deren Produkt bei der Multiplikation mit den Grundzahlen als Quersumme 9 ergibt, die sich also immer gleich bleibt (z. B. 2 mal 9 = 18, also 1 + 8 = 9; 4 mal 9 = 36, also 3 + 6 = 9; usw.).

Daher sagt man, die Wahrheit bleibt sich gleich, was immer man mit ihr tut; sie ist eine Einheit. Deutungen dagegen haben die vielen Möglichkeiten des Betruges. Oft lassen wir uns gern betrügen, wollen schnell einen nützlichen Rat. Das Wesentliche fürchten wir, es entzieht sich uns; wir haben Angst vor der Konfrontation mit dem *Leben*. Unser Leben ist vielfach ein ständiges Ausweichen vor der Entscheidung. Wir verschieben, möchten eine schöne Betäubung haben.

Wir wollen jetzt also versuchen, die Bibel als Traum zu sehen, und näher auf ihre Bilder eingehen. Beginnen möchte ich mit dem Anfang der Bibel: mit der Schöpfungsgeschichte.

Das hebräische Wort für Schöpfung hat denselben Stamm wie das Wort für Gesundsein. Darin zeigt sich ein wichtiger Zusammenhang. Was ist schöpferisch? Wenn du etwas hier zur Erscheinung bringst, was zuvor nur im Verborgenen, im Kopf, in der Idee — wie wir sagen — da war. Hier weise ich auf das Wort »Bereschith« hin, mit dem die Bibel beginnt; übersetzt wird es mit »Im Anfang«, wörtlich bedeutet es aber »Im Haupt« oder in der »Haupt-Sache«. Wenn ein Künstler eine Zeichnung macht, dann bringt er das, was im Kopf, im Kern da ist, aufs Papier; was ihn zeichnen läßt, ist im verborgenen Kern da. Dieses In-Verbindung-bringen des Verborgenen mit dem Erscheinenden ist »schöpferisch«. Schaffen heißt Imstandesein, aus der Wirklichkeit des Verborgenen etwas hervorzubringen, das tatsächlich Verbindung hat. Eine Zeichnung kann natürlich auch verbindungslos sein, nur etwas Äußerliches, Dekoratives zeigen; andererseits kann in ganz wenigen Strichen sofort der Zusammenhang sehr stark empfunden werden.

Schöpfen verbindet die beiden Wirklichkeiten. Wenn das geschieht, spricht man von Gesundheit. Nicht dem Entweder-Oder verfallen, sondern beide Möglichkeiten *leben*. Kranksein bedeutet ein Zerbrochensein, eine Gespaltenheit. Heilen aber meint immer ein Zusammenbringen, ein Ganzmachen.

Wenn du träumst, daß du etwas *machst*, einen Stuhl etwa, oder einen Topf formst oder irgendetwas, und dieses Schaffen beim Erwachen ein freudiges Gefühl hinterläßt, dann bedeutet es Gesundheit. Es spricht bei dir Gesundheit. Gesund meint nicht nur physisch gesund, sondern auch gesund in dem Sinn, daß du dich als ganz empfindest, heil fühlst. Warum aber meldet sich der Traum? Wir sagten doch, nur beim Kranken meldet er sich, beim Gesunden funktioniert es, ist es eine Einheit. Er meldet sich also und will damit sagen: Du glaubst an deine Gesundheit nicht, obwohl du gesund bist, die Verbindung hast; es sind Zweifel bei dir da, und sie werden dir gezeigt, damit du nicht an den Punkt gelangst, wo du verzweifelst.

Wenn du aber — im Traum wie im Leben — irgendetwas machst und hast *kein* freudiges Gefühl dabei, sondern bist in großer Eile, hast das Gefühl einer Bedrängung, tust es unter Zwang — dann erlebst du die andere Seite der Schöpfung, die destruktive. Es ist bei dir dann das Dämonische, das dein Heilsein vernichtet. Mit der Schöpfung kommt immer auch die Anti-Schöpfung. Sobald das Kreative sich regt, beginnt auch Vernichtung. Der Kraft oben entspricht eine Kraft unten. Wenn Oben und Unten im Gleichgewicht sind, bist du schöpferisch; wenn die untere Kraft stärker wird, bedeutet es Zwang. Das Gesetz zwingt, etwas greift dich an; du hast kein Vertrauen mehr und erschrickst, wenn einer dir Gutes tun will. Es meldet sich das Destruktive bei dir. Die Gesundheit, die eigentlich da wäre, ist angegriffen.

In der Überlieferung wird die Schöpfungsgeschichte so gesehen: Schöpfung ist der Wille, dem anderen *alles* zu schenken, dem anderen sich ganz zu geben, damit er glücklich ist. Dieses Schenken ist so rückhaltlos, daß der Geber sich förmlich ausstreicht; im Hebräischen wird dieses Sich-zurückziehen Gottes »zimzum« genannt. Schöpfung ist das, was in der Welt dann das Schenken bedeutet; das Schenken aber kannst du nur verstehen, wenn du auch das Wegnehmen kennst. Dir wird geschenkt und dir wird genommen — das Leben. Welche Kraft ist es, die es dir nimmt? Warum bleibt das Schenken nicht? Warum bleibt das Glück nicht, sondern kommt an der anderen Seite das Leid? Warum das Doppelte?

Mit der Schöpfung ist die Vernichtung, mit dem Glück das Leid da. Warum muß es so sein? Was bedeutet der Gegensatz? Ist Leid wirklich Leid? Oder ist es nur deshalb Leid, weil ich Glück und Leid zu gleicher Zeit nicht ertrage? So sagt eine alte Mitteilung: Wenn du einen Menschen siehst, dann siehst du Licht *und* Schatten; siehst du aber nur Licht, dann ist es der Teufel, denn der hat keinen Schatten.

Beim Traumbild der Schöpfung kommt es darauf an, ob das Machen, das Tun ein freudiges Tun ist oder ein Tun unter Zwang. Weil der Mensch tun *muß*, zeigen sich Krankheiten im Leben. Heute spricht man vom Leistungszwang. Man kann sich einreden, daß man es gern tut, weil man Geld dafür bekommt. Das Tun ist aber viel wichtiger als das Geld, (denn was tust du mit dem Geld)? Nicht nur in der Nacht, auch bei Tag zeigt es sich, ob du schöpferisch lebst, gerne tust, oder unter Zwang lebst, Krankheit hast; Krankheit kann sich auf vielerlei Art ausdrücken, bis ins Äußerste, wo sie als Kopfschmerz oder Hautkrankheit oder andere Beschwerde erscheint.

Vom Bau der Stiftshütte während der Wüstenwanderung des Volkes Israel sagt der Kommentar: Das ist die Schöpfung der Welt. Du siehst darin die Entsprechungen in der Erscheinung zu dem, was das ganze Weltall in Zeit und Raum für Ewigkeiten ist. Es drückt sich *hier* aus, und dir werden im Bild der Stiftshütte die Maße dafür gegeben.

Ich will nun zum nächsten Bild übergehen, obwohl zum Bild der Schöpfung noch viel zu sagen wäre. »Himmel und Erde« — was bedeutet im Traum Himmel, was Erde?

Wolken im Blau — ist das Himmel? Oder ist Himmel viel weiter, jenseitig? Es heißt: Verstehe »Himmel« nicht einseitig nur nach deiner Wahrnehmung. Das hebräische Wort für Himmel, »schamajim«, teilt uns mit, was Himmel wirklich ist; danach ist es ein Ort, wo alles doppelt ist, wo das eine *und* sein Gegensatz ist. Natürlich träumt man nicht philosophisch, sondern in Bildern und Gefühlen. Es heißt daher: Himmel ist, wovon du glaubst, es sei der Himmel; du kannst ihn durch ein Fenster sehen, aber du kannst auch von Petrus und Engeln träumen.

Wie »Schöpfung« und »Gesundsein« zusammenhängen, so hängt »Himmel« mit der Anwesenheit eines Paradoxen — zwei Äußerste an gleicher Seite — zusammen. Das Bild des Himmels bedeutet, daß im Leben Platz ist für eine paradiesische Phantasie, die Gabe, sich etwas vorzustellen, zu träumen, zu dichten, Märchen im Leben zu sehen und zu glauben. Du sagst dann nicht: ›Ich bin immer enttäuscht worden, jetzt glaube ich nicht mehr‹, sondern ›Ich bin enttäuscht worden, desto mehr glaube ich jetzt‹. Denn beides ist auf gleicher Linie da: die Enttäuschung und der Glaube. *Bist du einseitig, wirst du immer von den Kräften der anderen Seite enttäuscht; hast du aber beide Seiten, ist Freude, wie sie eben im Himmel herrscht. Dann ist auch Friede, Ruhe, weil beides ist. Wer glaubt, der Himmel sei nur »süß«, der glaubt an ein Wahnbild; auch Gesalzenes, Gepfeffertes — möchte man sagen — ist im Himmel als Gegenüber da.

Wenn sich bei dir das Bild des Himmels meldet, dann heißt das: Paß auf, du könntest dich verlieren! Du bist jetzt reif — vielleicht warst du noch nie so weit —, du mußt jetzt in Verbindung bringen, den Zusammenhang herstellen. Daher sagt man: Gehe mit dem Traum zum Weisen, zum Priester. Damit ist derjenige gemeint, der seine Weisheit von jenseits der Welt der Erscheinungen hat, der deshalb nicht erstarren kann. Das ist der Priester mit seiner Unruhe, der den Weg bis ins Jenseits führt. Bringe, so heißt es, den Traum dorthin. Bringe ihn zum Priester, der in dir selbst wohnt, damit er dir erklärt, was Himmel bedeutet.

Sie kennen doch die Geschichte vom Propheten Elia, der in den Himmel fährt. Als Traumbild bedeutet es: Elia ist derjenige, der von hier aus — mit den »Pferden von Ägypten«, wie es heißt — in den Himmel kommt; deshalb ist er der Verkünder des Erlösers, er kennt den Weg, die Verbindung zum Himmel.

Dem Himmel gegenüber: die Erde. Erde bedeutet die Anwesenheit hier, die eine Form hat. Erde zeigt jeder Traum, der ein konkretes Bild gibt. Die Erde hat viele konkrete Bilder. Die Schöpfungsgeschichte geht doch mit der Erde weiter, vom Himmel wird nur kurz gesprochen. Am zweiten Tag wird der Himmel ausgespannt, am fünften Tag werden die Vögel erschaffen, die in Richtung Himmel fliegen. Von der Erde dagegen wird in großer Vielfalt erzählt. Sie bringt die verschiedenen Pflanzen hervor, vielfältige Arten von Tieren und der Mensch bevölkern sie. Die Erde wird in Vielheit sehr konkret; so auch erscheint im Traumbild die Erde.

Man kennt aber auch das Traumbild von der Erde des Anfangs. Sie wird dort »tohuwabohu« genannt, in der Übersetzung als »wüst und leer« oder »Irrsal und Wirrsal« wiedergegeben. Wenn du im Traum Steine, eine Wüste, Schluchten oder zerklüftete Gebirge siehst, dann ist es das Bild von der Erde des Anfangs. Aus dem Wirrwarr *könnte* eine Ordnung entstehen, diese Möglichkeit besteht; aber es besteht auch die Gefahr des Untergangs im Chaos. So erscheint Erde im Sinn von »arez«, ein Begriff, der im Urtext der Schöpfungsgeschichte verwendet ist. »Raz« heißt »Laufen«, »Bewegung«, »Wille«, »Richtung«, »Verlangen« — ein

Weg also. Damit verbunden ist das Zeichen Alef, die 1. Der Weg ist erstarrt. Die Erde wird hoffentlich Ordnung bekommen, es wird wachsen, damit der Weg wieder anfangen, in Bewegung geraten kann. Der Weg, die Bewegung hat sich mit der 1 verbunden, aber noch ist nichts.

Wenn du, so wird erklärt, von chaotischer Erde träumst, dann bedeutet es: Du hast etwas gewollt, aber dann aufgegeben; jetzt ist es verworren in dir, der Wille ist erstarrt. Es ist das Erstarren einer Bewegung. Du hast z. B. gewollt, daß dich die Menschen lieben, aber dann hast du gesehen, daß eigentlich jeder nur seinen eigenen Nutzen sucht; nun glaubst du keinem mehr, willst mit niemand mehr zu tun haben, bist enttäuscht. Enttäuschung ist Erstarrung. ›Waren keine Blumen da, Bäume oder Menschen?‹ fragt man den Träumer, und wenn er antwortet ›Nein, nur Felsen, Abgründe, eine Art Mondlandschaft‹, dann weiß man, daß dieser Traum Erstarrung bedeutet. Er meldet sich und sagt damit gleichsam: Paß auf, es könnte bei dir erstarren; es könnte etwas in deinem Leben geschehen, daß du nicht weitergehen kannst, auch keine Hoffnung mehr hast, daß es weitergeht.

Der Begriff »tohuwabohu« kann sich im Traum auf vielerlei Arten zeigen. Du träumst z. B. von einem Zimmer, in dem ein schreckliches Durcheinander herrscht, der Tisch ist umgestürzt, das Mobiliar zertrümmert. Oder du siehst deinen Bücherschrank, in dem alle Bücher ganz durcheinander stehen. Solche Bilder zeigen: Du stehst am Anfang eines Weges, der Ordnung bringen könnte. Vielleicht ist es ein Weg mit vielen Schwierigkeiten, aber du könntest es *schaffen*. Bei der Schöpfung kommt doch auch alles aus dem »tohuwabohu« hervor: das Licht, Himmel und Erde, Sonne, Mond und Sterne.

Der Anfang ist das Chaos. Daher ist es manchmal wichtig, daß der Mensch in eine Krise gerät. Erst dann kann er anfangen, erst dann kann Schöpfung bei ihm kommen. Zuvor war es vielleicht gar nicht gut, stand alles schief; aber er wagte es nicht abzureißen. Wir wissen doch, daß auch bei einer Krankheit eine Krise neues Leben bringen kann. Aus dem Chaos kann das Neue kommen.

Weiter spricht der Text von »der Finsternis über dem Abgrund«. Was bedeutet im Traum Finsternis? Du siehst nichts, alles Sein ist wie abwesend, es ist dunkel. Finsternis, hebräisch »choschech«, ist — wie das Chaos — eine schreckliche Krise für den Menschen. Aber wie erst Chaos ist und dann Ordnung, so ist erst Finsternis und dann Licht, erst Abend und dann wird es Tag. Im Leben bedeutet es: Immer muß erst Finsternis sein, damit es weitergehen kann, Finsternis bringt die Erneuerung.

Der Weg des Menschen geht von Erneuerung zu Erneuerung, von Generation zu Generation, von Station zu Station. Die 42 Generationen, die zu Beginn des Matthäus-Evangeliums aufgezählt werden, führen zum Erlöser; die 42 Stationen in der Wüste führen zum Gelobten Land. 42 Monde sind dreieinhalb Jahre — die dreieinhalb Weltzeiten, die beim Propheten Daniel genannt werden. Monat, (Mond), bedeutet im Hebräischen Erneuerung. Fortwährend erlebst du Erneuerung.

Die Finsternis, das Chaos, die Krise führen dich aus der Erstarrung. Jeder Heilungsprozeß, sagt man im alten Wissen, soll und muß eine Krise mit sich bringen. Heute ist man oft sanft im falschen Sinn, *einseitig* sanft. Der Moment der Aggression, des Bösen, des Tobens, muß sein, damit die Erneuerung kommen kann. Das Traumbild der Finsternis wird daher im positiven Sinn gedeutet.

ACHTES KAPITEL

INSPIRATION · NESCHAMAH · GESUNDSEIN
UND KRANKSEIN · MIZRAJIM · VATER UND SOHN · EINSSEIN
UND EINSWERDEN · DER SANFTE WEG

Wir haben damit begonnen, Bilder und Begriffe aus dem Beginn der Schöpfungsgeschichte zu besprechen. Vielleicht ist Ihnen schon deutlich geworden, daß bestimmte Bilder einen Zusammenhang bilden, eine Gruppe; die Gruppen selbst bilden wiederum Zusammenhänge mit anderen Gruppen. So entstehen, wie auch in der Sprache, Gruppenverwandtschaften.

Die Bibel, sagten wir, ist geträumt, ist wie ein Traum ohne unser Zutun zustandegekommen; sie ist »inspiriert«. Inspiration geschieht, wenn wir mit unserem Denken nicht engagiert sind. Unser Denken und Wollen verzerrt die Dinge, macht sie un-wesentlich. Denken, im Hebräischen mit Rechnen identisch, läßt den Menschen konstruieren.

Auch ein Kunstwerk kann nur wie im Traum zustandekommen. Wer die *Absicht* hat, ein Kunstwerk zu schaffen, der kann es äußerlich schon tun, die Oberfläche mag schön gelingen, aber es fehlt dann gerade das, was es erst wesentlich macht.

Ein Kunstwerk kann alles sein: ein Gespräch, die Art zu gehen, Schreiben, Photographieren, auch alles, was man im Alltag tut. Wer singt, weil es ihn gerade freut, ist vielleicht viel mehr Künstler in diesem Augenblick als der gefeierte Opernstar, der möglicherweise gar nicht inspiriert singt. Selbst die Wissenschaft ist nicht ausgenommen; wenn sie inspiriert ist, hat sie das Geniale, ist Kunstwerk. Im anderen Fall bleibt sie Nachahmung, äußerlich und meist auch langweilig.

Inspiration heißt: Der Geist kommt von einer anderen Wirklichkeit her, dann erst wird es wesentlich. Das Verzetteln und In-Vielheit-erscheinen-müssen, weil in Zeit und Raum nur jeder Moment abgetrennt da sein kann, um sofort vom nächstfolgenden wieder verdrängt zu werden, — niemals kann das *ganz* sein. Nur der Geist, der beim Menschen jenseitig, in der anderen Wirklichkeit lebt, ist ganz und macht ganz; er hat Verbindung mit dem, was jenseits von Zeit und Raum, also ewig ist.

Das Ewige ist die Heimat von »neschamah« im Menschen. Man könnte diesen schwer zu übersetzenden hebräischen Begriff vielleicht mit »göttliche Seele« wiedergeben. »Neschamah« lebt bei jedem Menschen *dort*, sie ist sein Jenseitiges; aber sie lebt im Menschen auch *hier*. »Neschamah« ist das einzige, was an beiden Seiten, hier und dort, lebt.

Das Jenseitige im Menschen ist im Traum-Bild

der Bibel das Gelobte Land, das unter die Stämme Israels verteilt wird. Der Stamm Menasche erhält, ohne daß er darum gebeten hat, zur Hälfte Land jenseits und zur anderen Hälfte Land diesseits des Jordan. Menasche wird mit denselben Buchstaben wie »neschamah« geschrieben; daher heißt es: Menasche verbindet Diesseits und Jenseits.

Wie aber erscheint »neschamah« im Menschen *hier?* — Vielleicht in einem Lächeln, einer Bewegung der Augenbrauen, einer Geste — zu definieren ist es jedenfalls nicht. Sie erscheint in dem, was man bei einem Menschen als ganz persönlich empfindet. Gerade das Einmalige und Unvergleichliche des Persönlichen ist Äußerung vom Zeitlosen, Ewigen her; »neschamah« verbindet das Einmalige mit dem Ewigen.

Wenn »neschamah« wirkt, dann ist der Mensch schöpferisch. Man kann »neschamah« auch ausschalten, indem man sich nur vom Meßbaren, von Beweisen leiten läßt. Dem aber widerspricht ein Gefühl, das sagt: ›Jeder Beweis stört mich. Ich glaube es, weil ich empfinde, daß es so ist; das gibt mir Sicherheit.‹ — Was ist denn Glaube, wenn nicht das Gegenteil von Beweis? Wer den Glauben zu beweisen sucht, macht ihn damit lächerlich oder zerstört ihn.

Der Erlöser, der Messias, ist eben das, was nicht berechnet werden kann. Jede Berechnung der Erlösung ist im Konflikt mit dem Prinzip der Erlösung: der Unberechenbarkeit. Alles Berechnen zeigt nur, daß man sich im Kontinuierlichen, im Kausalen bewegt und auch die Erlösung diesem Zwang unterwerfen will. Erlösung aber ist weder eine Belohnung für's Bravsein noch das Resultat geduldiger Übung, sondern der Durchbruch aus einer ganz anderen Wirklichkeit.

Beim Träumen nun erscheinen die Bilder in einer Geschichte, die sich *auch* kausal entwickelt. Der inspirierte Geist zeigt Bilder, die in ihrem Zusammenhang eine Geschichte, ein Geschehen ergeben. So läßt sich die ganze Bibel hindurch eine Geschichte verfolgen, die zwar nicht immer ganz kausal verläuft, aber im allgemeinen verständlich zusammenhängt. Hier, in der Erscheinung also, wirkt Inspiration als Geschichte.

Wir wissen aus eigener Erfahrung, daß ein Traum eine logische Geschichte entwickeln kann; plötzlich aber geschehen Dinge, die *hier* nie stimmen können, etwa wenn ein Fisch in den Himmel fliegt oder Kühe über den Dächern schweben, wie man es z. B. auf Chagalls Bildern sehen kann. Man sagt dann, er hat diese Bilder geträumt, denn ihre Inhalte stimmen mit unserer Wahrnehmung nicht überein. Es gibt Zeiten, in denen man nur das Geträumte in der Malerei als Kunst gelten lassen will; zu anderen Zeiten ist es genau umgekehrt. Waren die holländischen und flämischen Maler des 16. und 17. Jahrhunderts nicht inspiriert? Wir spüren, daß auch eine ganz naturalistische oder realistische Malerei geträumt, inspiriert sein kann. Entscheidend ist der Geist, der die Details zusammenhält, von dem jedes Detail ausgeht.

Das gilt für alle Dinge. Ein Gebäude mit seiner Raumaufteilung kann inspiriert sein oder als bloßer Zweckbau langweilen. Auch in Straßen und ihren Häuserreihen äußert sich Inspiration. Denken Sie an die Grachten oder andere »gewachsene« Straßenzüge. Zusammenhänge dieser Art lassen sich nicht konstruieren.

Im allgemeinen, sagten wir, gibt sich die Bibel als Geschichte mit kausalem Zusammenhang, manchmal sogar pedantisch genau im Aufzählen der Genealogien. Es gibt aber auch viele Erzählungen darin, die uns vor ein Rätsel stellen; so ist z. B. in der Geschichte Abrahams von drei Männern die Rede, die Abraham besuchen. Kurz darauf heißt es »drei Engel« und dann sogar nur »Gott«. Wer ist es nun wirklich? Solche Fragen stellen sich oft bei Traumbildern. Sie sind verstandesmäßig nicht zu lösen, sollen auch gar nicht gelöst werden. Sondern: Akzeptiere das Bild so wie es ist, denn es ist geträumt und nicht konstruiert.

Bei allem, was der Mensch tut, läßt sich fragen: Kann er noch träumen? Oder ist er nur trockener Rationalist? Eigentlich gibt es überhaupt kein Gebiet, in dem das Träumen ausgeschlossen ist. Auch Technik kann geträumt sein oder eine Gartenanlage oder das Pflaster einer Straße. Die entscheidende Frage ist: Spürt man eine Ganzheit, oder zeigt es sich nur äußerlich und damit dämonisch?

Die geträumte Geschichte der Bibel ist ein herrlicher Schlüssel. Anhand ihrer Bilder und anhand des Zusammenhangs dieser Bilder kann man Träume deuten. Der Traum der Bibel nämlich ist so exakt, daß kein Strichlein, »kein Jota« — wie es heißt — weggenommen werden kann; und dieser Traum gilt »bis zum Ende der Zeiten«. An der Bibel scheitert jeder logisch-kausale Erklärungsversuch, wie er auch an jedem echten Kunstwerk scheitert. Dadurch ist z. B. die theologische wissenschaftliche Exegese auf die Logik ihrer Methode beschränkt, die jedes Näherkommen der Bilder verhindert. Das Rationale erweist sich als unübersteigbare Mauer. Der Traum kommt von der ganz anderen Welt her.

Die Astrologie läßt sich ebensowenig logisch-rational erklären. Man fühlt sich wohl, *weil* die Sterne gut stehen, und nicht, weil man nachschaut, *ob* sie gut stehen. Das Nachschauen ist ein Zwang, und unter Zwang geht alles schief. Glaube doch, und schau nicht nach, lebe doch! Gewiß ist der Zusammenhang da mit den fernsten Sternen wie mit den nächsten Dingen. Nur *wir* sind so verdorben und degeneriert, daß wir glauben, etwas habe erst dann Wert, wenn wir es beweisen und berechnen können. Warum läßt man nicht zu, daß es sich selbst ausdrücken und seinen Weg zu uns finden kann? Ist ein Zusammenhang nicht zwischen allem? Ist es vielleicht nur *unser* Zweifel, der trennt? Dann allerdings wäre unsere Sucht nach Erklärungen und Beweisen ein ganz untaugliches Mittel, den Zusammenhang wiederzufinden.

In den Bildern des Erschaffens von Himmel und Erde, die wir besprochen haben, könnte der Zusammenhang sichtbar werden. Gewiß, wir träumen nicht gerade vom Erschaffen der Welt; aber wir sollten uns fragen: Was gehört in unseren Tag- und Nachtträumen zum Erschaffen, was zum Himmel, was zur Erde? Wie weit geht das Erschaffen, die Schöpfung? Aus den Bildern könnten wir dann die Worte verstehen, und wenn wir die Bedeutung der Worte kennen, dann leben die Bilder. Wir besitzen dann die Einsicht des Traums und sind nicht mehr auf willkürliche Vermutungen und Hypothesen hinsichtlich der Bedeutungen angewiesen.

Wir hatten schon auf die Identität der Begriffe »schaffen« und »gesund sein« hingewiesen. Inspiriert, könnten wir sagen, ist der Mensch, der von der Einheit des Lebens hier *und* im Nichtkausalen überzeugt ist; das Nicht-trennen ist das Schöpferische. Der »Sündenfall« bedeutet, daß der Mensch die Axt nimmt und die gemeinsame Wurzel der beiden Bäume im Garten, den er hüten soll, trennt. Das ist die Verwüstung der Welt und deines Lebens, die Spaltung, die eigentliche Schizophrenie.

Dann gibt es für den Menschen zwei voneinander getrennte Wirklichkeiten; das eben ist sein Kranksein.

Kranksein kommt, wenn man trennt. Krankheit im Sinne von etwas Objektivem gibt es nicht. In der Überlieferung wird von den »Krankheiten von Ägypten« gesprochen. Kranksein gehört zu »mizrajim«, hebräisch für Ägypten, denn dieses Wort enthält in sich schon die Zweiheit, das Gespaltene. In »mizrajim« quält den Menschen ständig das Entweder-Oder, er lebt in zwei Wirklichkeiten, die ohne Verbindung sind. So ist er desorientiert, glaubt nicht, daß es eine Einheit gibt, unterscheidet zwischen Heiligem und Profanem, ist abwechselnd aggressiv oder depressiv. *Alle* Menschen sind mehr oder weniger in »mizrajim«.

Heilung erfährt der Mensch, wenn der *Weg* anfängt. Der *Weg* ist Heilwerden, die Wurzeln der beiden Bäume werden verbunden, die Stücke fügen sich mehr und mehr zusammen. Auf dem Weg ist man imstande, die Dinge *sein* zu lassen. Tag und Nacht, Auf und Ab — alles wird selbstverständlich wie Einatmen und Ausatmen.

Immer aber sorgt es sich auch im Menschen. Er denkt, er kommt nicht mehr heraus, wird depressiv, hält einen Zustand für ewig. Im alten Wissen wird gesagt: Wenn du dich ganz schlecht fühlst, dann denke an die Geburt eines Kindes. Wehen folgen auf Wehen, am Ende aber kommt das Kind *doch* heraus. Hab also keine Angst, daß der Schmerz ewig ist. Du tust, als ob er ewig sei, weil du die Trennung machst und nicht weißt, daß Leid und Glück zusammengehören. Wenn du sie als zusammengehörig erkennst, trägst du das Leid und den Schmerz auf ganz andere Weise.

Während der Knechtschaft in »mizrajim« seufzt der Mensch unter den Leiden, der Gespaltenheit. Er sehnt sich hinaus, und diese Sehnsucht ist der Motor, die Kraft, durch die er geheilt werden wird. Ohne diese Sehnsucht und Hoffnung steht es schlimm um den Menschen.

Wenn die Schöpfung anfängt, ist erst die Leere, der Abgrund, Finsternis. Der Weg beginnt beim Entgegengesetzten des idealen Ziels; es fängt an mit dem Stürzen, dem Chaos, im Nichts. Dann kommen das Meer und das Trockene, die Pflanzen und Tiere. Das Ziel aber ist der Mensch, der heile Mensch im Bilde Gottes. So ist der Werdegang des Erschaffens.

Wenn du träumst, daß du oder ein anderer gestorben seist, dann deutet es das alte Wissen als »tow«, als gut. Man weiß dann: Das Nichts ist da, und aus dem Nichts beginnt ein neuer Tag für dich; das Gesundsein kommt jetzt. Das Nichts, hebräisch »ajin«, ist Anfang; aus ihm kommt das Sein.

Das Chaos einer Krise im Menschen ist nach der Überlieferung dasselbe Chaos wie die zehn ägyptischen Plagen. Ägypten wird vom Chaos geschlagen. Im Chaos kann das entweichen, was wichtig ist im Menschen; so entrinnt Israel — wie die Geschichten erzählen — im chaotischen Durcheinander, das am Ende in Ägypten herrscht. — Man soll sich vor dem Chaos nicht fürchten. Es bedeutet ein Ende der Knechtschaft und den Anfang des Heilwerdens.

Das Chaos, die Finsternis, der Abgrund, im Traum wie im Leben bei Tage — immer sind es die Grundlagen des Gesundseins. ›Es geht mir so schlecht, ich kann mich nur noch umbringen‹ — das ist kausal gedacht; es lebt kein Glaube, daß nach der Nacht ein Tag kommt. Das Sein ist ewig, du lebst ewig weiter, auch wenn du dich umgebracht hast; dem Sein entkommst du nicht. Nach dem Chaos kommt das Befreitsein, die Möglichkeit zur Entfaltung, die Schöpfung kommt und wird immer großartiger und harmonischer.

Der Mensch soll wissen, daß die chaotische Verwirrung sich so in seinem Leben träumt. Er kann nichts dafür, es kommt ihm so. Daher ist die Suche nach einer kausalen Erklärung, nach einem Schuldigen sinnlos. Es tut sich beim Menschen; der Mensch aber meint, *er* tue, und je mehr er das glaubt, desto mehr steht er unter Zwang. Wichtig ist aber nur, daß er als ungeteilter Mensch da ist, als Mensch lebt, »funktioniert« gewissermaßen.

Was heißt »als Mensch leben«? Wir haben eine Mischung in uns von dem, was uns kommt, und dem, was wir konstruieren; beides ist zu gleicher Zeit da. Was aber geschieht dann vom Menschen selber her? Ist er, wenn er konstruiert, nur unter Zwang, und, wenn es ihm kommt, nur ausgeliefert den Kräften, die es ihm schicken? Wo ist er als ungeteilter Mensch?

Im Traumdeuten, wie ich es Ihnen hier mitteile, steckt eine Aufgabe für den Menschen. Traumdeutung bezieht sich nicht nur auf die Träume in der Nacht, sondern auch darauf, wie der Mensch tagsüber lebt — wo *es* sich lebt. Nicht die Diagnose ist wichtig, sondern ein Rat, eine Therapie — sei die Diagnose nun besser oder schlechter. Der Mensch erwartet doch eine Mitteilung auf den Weg, einen Rat, wie er sich auf dem Weg verhalten soll.

Was sagt der Name Mensch, wenn wir von dem Begriff Adam ausgehen? Adam kommt von »dome«, gleichen. Man könnte »adam« mit »ich gleiche« übersetzen. Schon in seinem Namen also trägt der Mensch die Bestimmung: Ich gleiche Gott, hänge mit Gott zusammen, wie der Vater mit dem Kind zusammenhängt. Ein solches Verhältnis ist nicht nur harmonisch, wie wir wissen, sondern enthält auch viele Konflikte; denken Sie nur z. B. an Franz Kafkas »Brief an den Vater«.

Die Frage ist: *Wie* ist das Verhältnis? Ist das genealogische Verhältnis identisch mit dem wirklichen Verhältnis? Wie ist die Verbindung?

Der Mensch, der staunt und sagt: ›Ich gleiche‹,

ist in seiner *ganzen* Erscheinung hier — nicht nur der körperlichen, sondern auch der leiblichen im Sinne von »nefesch« (Lebenspotenz) — Ausdruck des Vaters. Das heißt, Gott ist nicht nur jenseits, wohin man ihn so gern verbannt; Gott ist dort *und* hier. Die Verwandtschaft mit Gott ist nicht nur: ›Ich, Mensch, entspreche irdisch dem himmlischen Vater‹, sondern: ›Ich entspreche irdisch *und* himmlisch dem göttlichen Vater‹. Gott füllt Himmel und Erde; er ist nicht nur der Gott des Himmels. Die alten Kommentare weisen darauf hin, daß Abraham als erster den Herrn als »Gott von Himmel *und* Erde« kennt. Das ist das Große, daß er auch der Gott der Erde ist; Gott ist ebenso im Erscheinenden wie im Verborgenen.

Warum sind Vater und Kind überhaupt getrennt? Weil der Weg nur durch die Trennung möglich ist. »Vater« ist der Ursprung des Weges, »Kind« ist das Ende, die Frucht des Weges. Beide zusammen sind der Weg. Der Sohn geht vom Ursprung aus zum Ziel; das Ziel ist wieder Ursprung. So ist das Gehen des Weges immer doppelt: Wenn du hinaufgehst, gehst du auch hinab, wenn du von rechts gehst, gehst du auch von links, wenn du hier gehst, gehst du auch dort, im Verborgenen. Nur aus einseitiger Sicht verfällt der Mensch der Täuschung und meint, er bewege sich vom Ursprung weg auf ein Ziel zu.

Auch die alten indischen Überlieferungen kennen dieses Doppelte des Weges. Indem er hinaufgeht, heißt es dort, geht er hinab. Das Wissen vom Zusammenhang von Ursprung und Ziel ist in den heiligen Schriften vieler Kulturen ausgedrückt. Weil wir einen Weg haben, erscheinen uns Anfang und Ende getrennt. Die Überlieferung aber spricht »vom Anfang, wo kein Anfang ist, zum Ende, wo kein Ende ist«.

Wenn der Mensch staunend das »Ich gleiche« spricht, drückt er seine Bestimmung aus, göttlich zu sein. Was ist das Göttliche? Der Ursprung der Schöpfung ist die Regung Gottes, in seinem Einssein eine solche Freude und Hingabe zu erleben, daß er fühlt, sein Eins*sein* ist nicht vollkommen, wenn er nicht zu gleicher Zeit eine Eins*werdung* schenken kann, wenn nicht etwas anderes mit ihm eins*wird*. Weil er eins und glücklich ist, will er schenken und glücklich machen; deshalb zieht er sich zurück, um dem Anderen Raum zu gewähren, einen Ort, daß es da sein kann. Er gibt dem Anderen ein Sein, damit das Sein des Anderen ihn erkennt und spürt. Damit der Andere spürt, eigentlich gehöre ich doch ihm, und er gehört mir. Franz Kafka hat darauf aufmerksam gemacht, daß das Wort »sein« im Deutschen »Dasein« und »Ihmgehören«, beides zugleich bedeutet.

Irdisch ist es zu erfahren als Liebe zwischen Mann und Frau. Zwei, die sich wiederfinden, weil sie sich längst schon kennen. Schöpfung ist, damit diese Einswerdung geschehen kann, denn Einswerden und Einssein zusammen ist die Einheit.

Das hebräische Wort für Einheit, »echad«, ist in seinem Zahlenwert identisch mit dem Wort für Liebe, »ahawa«. Wenn man glücklich ist, kann man es nicht lassen, Glück zu schenken; das Glück enthält dieses Schenken in sich. Gott gleichen heißt: Es wird von dir erwartet, daß du in deinem Leben Glück schenkst und glücklich bist; das ist der Sinn deines Seins.

Du suchst den Anderen im Werden und erfährst, wenn du ihn gefunden hast, im Einssein, daß es gleich wieder die Leere bringt, damit wieder Einswerden stattfinden kann. Das Träumen von einer Frucht meint ein Ende; der Sinn — Einsgeworden — ist erreicht, jetzt kommt wieder das Nichts, die Leere, damit wieder Fülle werden kann. Fortwährend wiederholt sich das wie Einatmen und Ausatmen.

Die Frage, was es heißt, »als Mensch zu leben«, ließe sich zusammenfassend beantworten mit: Glücklichmachen und Glücklichsein. »Liebe deinen Nächsten wie dich selbst« bedeutet: Erkenne dich selbst in deinem Nächsten, denn er ist du, und du bist er. Im Hebräischen heißt der Nächste »rea«, gleich geschrieben wie »der dir Böses tut«. Also den, der dir so fremd, so anders gegenübersteht wie ein Feind, den liebe!

Daher sagt die Überlieferung: Man »heirate«

jemand von ganz weit weg. Heirate nicht einen Verwandten, denn das wäre dein Spiegel, du selbst, da kann keine Frucht kommen. — Gott steht dir als so ganz Anderer gegenüber, daß du glaubst, du kannst ihn nur fürchten; aber Gott selbst sagt, du sollst ihn lieben »mit ganzem Herzen, mit ganzer Seele, mit deinem ganzen Vermögen«.

Liebe ist Selbsthingabe. Aus Liebe, so heißt es, zieht sich Gott zurück ins Allerheiligste im Tempel. Wo Gott wohnt, gibt es keine Maße. Zurückgezogen im Allerheiligsten überläßt er das Ganze dem Menschen, damit der zu ihm komme. Im Traumbild ist das der Weg des Priesters vom äußeren Vorhof bis ins Allerheiligste.

Der Weg des Menschen ist ein Verbinden der Gegensätze. Liebe am Tag die Nacht und in der Nacht den Tag; liebe das Glück, wenn dir Leid geschieht, und wenn du glücklich bist, liebe das Leid. Verbinde dich mit dem Entgegengesetzten — das ist eine wirkliche Ehe. Liebe, was dir fremd ist, was dich angreift.

Im Gegensatz dazu steht das Konstruieren; dabei bleibst du immer in einem Gebiet, in dem du dich auskennst, das dir heimisch ist. Das Fremde dagegen kommt auf dich zu, überrascht dich. Laß es kommen. Liebe den anderen, wie er ist, auch wenn es dir nicht paßt. Darin liegt die Schwierigkeit: Der Mensch will beim anderen nur das lieben, was ihm gefällt.

In der Mischna, dem ältesten Teil des Talmud, wird von den Lehrern Hillel und Schammai erzählt, die immer entgegengesetzter Meinung sind. Sagt Hillel dies, sagt Schammai das. Es sieht fast aus wie ein Sport; es zeigt aber auch, daß nichts *ein*deutig, sondern immer dies *und* das ist.

Einer »von den Völkern«, wird erzählt, ein »Heide« kommt zu Schammai und fragt: ›Kannst du mir das Judentum erklären, während ich auf einem Bein stehe?‹ Schammai wirft ihn raus. Er geht zu Hillel und äußert den gleichen Wunsch; Hillel antwortet: ›Liebe deinen Nächsten wie dich selbst. Das ist alles.‹

Der Weg Schammais, sagt man, ist zu stark, zu schwer für uns; Schammai verstehen wir noch nicht. Wir folgen Hillels Weg in allem, was er sagt, heißt es, — bis auf fünf Ausnahmen, wo wir Schammai folgen. Es bedeutet, der sanfte Weg ist für diese Welt; hier verstehen wir den Menschen an dieser Seite. Bedenke aber, es gibt auch Schammai, den du jetzt noch nicht verstehst. Es kommt eine andere Welt, dann verstehst du auch Schammai, verstehst beide, Hillel *und* Schammai.

Lebt der Mensch so, daß er gerade dem ganz Anderen, Fremden, das ihn angreift, Raum schenkt, dann ist sein Leben in Übereinstimmung mit Gottes Regung zur Schöpfung. Ist der Mensch im Bilde Gottes, geschieht ihm Einswerdung, wie Gott sie ihm durch sein Sich-zurückziehen, hebräisch »zimzum«, schenken will; gleicht der Mensch nicht Gottes Bild, hat er andere Absichten, geschieht ihm auch anderes; *es* geschieht aber auch.

»Als Mensch funktionieren« heißt: Überrasche, erfreue die Menschen, bringe sie zusammen, verbinde, was dir begegnet. Alles andere folgt aus diesem Tun. Die Hauptrichtlinie sei: Wie und wo geschieht es, daß ich alles zu mir bringe, und wie und wo komme ich zu allem?

Wir hatten vom Moment gesprochen, wo das Nichts, das Chaotische im Menschen ist. Man sagt dann: Laß es kommen, laß es gehen. Zwinge nicht, laß es *sein,* suche keine Schuld. Laß es sein, damit du wieder schenken und empfangen kannst.

Zum Nichts als Anfang gehört alles Negative, also auch das Böse. Das Leid und das Böse sind für den Menschen wie das Nichts — der Moment, woraus das Neue erwachsen kann. Wird dir Böses angetan, explodiere nicht, verteidige dich nicht; entscheidend ist das Seinlassen, denn dann hat das Böse die gute Wirkung, dann ist das Nichts, und das Licht kann durchkommen, dann ist bei dir und in der Welt Ruhe. Die Haltung des Seinlassens ist kein Fatalismus, sie ist eine sehr aktive Lebenshaltung und erwächst aus dem Begreifen, daß es im Leben das Einatmen *und* das Ausatmen gibt.

Vielleicht sind wir einer Antwort auf die Frage nach dem Sinn des Leids schon etwas näher gekommen. Leid ist wie das Nichts. Aus dem Nichts kommt das Licht hervor. Nach den Geburtswehen kommt das Kind, das uns beglückt. Männliches und Weibliches haben Geburtswehen. Die des Männlichen sind der Kampf im Leben, die Wehen der Enttäuschung, die Wehen im Erinnern. Die Geburtswehen des Weiblichen sind mehr im Körper, im Leib des Menschen. Es sind die Wehen des Männlichen und Weiblichen in *jedem* Menschen.

Das Kind kann kommen, wenn du nicht zwingst. Stoppst du die Wehen, dann stirbt das Kind oder die Mutter. Laß es sein, dann kommt das Kind, und die Wehen sind vergessen. Je mehr Kinder du bekommst, desto leichter wird's dir. Das ist die Erfahrung im Menschen, wenn er die Verbindung hat.

Neuntes Kapitel

Die sechs Tage und der siebte · Sein und
Werden · Gesetz und Freiheit · Der Tempel baut
sich · Das Psychische · Die Kabbala · Die
heitere Gelassenheit · Jakobs Hinken · Hirt
und Herde

Das Chaos ist Grundlage des Seins, Fundament
des Erscheinenden ist das Unsichtbare. So
zeigt es sich auch im Bild des Baumes: Die Wurzeln sind in der Erde verborgen; was erscheint, ans
Licht tritt, hat eine Form und gibt uns das Gefühl
des Geordneten, des Gesetzmäßigen.

Was immer uns im Leben begegnet, begegnet uns
als Dualität; eine Seite steht im Gegensatz zu einer
anderen. Auch unser Denken und Vorstellen ba-
siert auf diesem Gegensatz. Wir können hoch nur
an niedrig, gut nur an weniger gut oder besser, Er-
scheinendes nur an Nichterscheinendem messen.

Beim Träumen zeigt sich diese Dualität sozusagen ganz unphilosophisch, denn der Traum ist
eine Art Erscheinung im Nichterscheinenden. Er
ereignet sich nur dort, wo wir völlig passiv sind,
nur dort träumt es sich. Dort ist man nicht frei in
dem Sinn, daß man das Bild des Traumes selbst
erschaffen könnte.

Im Leben gibt es die Unterscheidung zwischen

einem Gebiet, wo es sich macht wie im Traum, und einem anderen Gebiet, wo du unbedingt selbst machen mußt. Es gibt dann noch ein Grenzgebiet, wo du überlegen mußt: ›Soll ich tun, oder tut es sich?‹

Der Traum — ich betone es immer wieder — ist kein abgelöstes Nachtgeschehen, sondern die Erscheinung jenes Gebietes in unserem Leben, wo wir *immer* im Traumleben sind. Wir sagten, daß ein Künstler z. B. fortwährend träumt, wenn er schafft; sobald er eingreift, konstruiert, ist es nicht mehr echt, nicht mehr *ganz*. Der Eingriff verdirbt's.

Erfahren wir Träumen und Wachsein in unserem Leben als Doppelheit? — Oft ist es doch so, daß wir im Leben schlaflose Nächte haben, wir träumen nicht. Die Region, in der wir träumen sollten, funktioniert nicht in uns. Und weil wir schlaflos sind, geschieht es auch oft, daß wir dort im Leben, wo wir Ordnung machen sollten, wo gesetzmäßiges Tun nötig ist, daß wir gerade dort träumen.

Wir müssen verstehen, daß man keine Einteilung in Nachtregion und Tagregion im Leben machen kann. Vielmehr ist es wie Ein- und Ausatmen, wie Gehen mit linkem und rechtem Bein. Fragt man sich denn: ›Pumpt das Herz jetzt Blut ein oder aus?‹ Das Herz tut nicht das eine oder das andere, sondern beides.

In der Schöpfungsgeschichte werden die ersten sechs Tage vom siebten Tag unterschieden. Die

Überlieferung sagt, daß die sechs Tage außerhalb des Zeitbegriffs stehen, den wir kennen. Demnach ist die Spekulation, ob es sechs Tage, sechstausend Jahre oder sechs Millionen Jahre waren an sich schon sinnlos. Mitgeteilt wird nur, daß es von dieser Sechsheit eine Entsprechung in der Zeit gibt. Die Sechsheit selbst ist ein Ganzes in sich.

Die alten Kommentare betonen auch, daß das Wort »Bereschith«, mit dem die Schöpfungsgeschichte beginnt, gar nicht »im Anfang« bedeutet, sondern »in der Hauptsache«, »im wichtigsten Prinzip«; schon im ersten Buchstaben sei die ganze Welt da und alles, was weiter komme, sei das gleiche; es gäbe da keine Reihenfolge, kein Gesetz. — Wir könnten uns diesen Bereich als das Nichts, das Nicht-Seiende vorstellen.

Das für uns Seiende entsteht erst, wo in der Schöpfungsgeschichte vom siebten Tag gesprochen wird; seine Wurzeln aber hat der Mensch im sechsten Tag. Ein alter Midrasch erzählt, daß der am Anfang erschaffene Mensch noch liegt; erst am Ende des sechsten Tages richtet er sich auf. Sein Aufrichten ist aber auch zugleich sein Hinausgetriebenwerden aus dem Paradies. Im Nichts kann der Mensch nicht *sein;* das Sein steht dem Nichts gegenüber.

Es gibt deshalb zwei Schöpfungsberichte, entsprechend dem ersten und zweiten Kapitel der Genesis. Die erste Geschichte erzählt aus dem Nichts, dem Absoluten; die zweite Geschichte zeigt, wie dasselbe in der Welt des Werdens erscheint. Die Welt des Werdens ist die Welt, die wir kennen. Sie hat Reihenfolge, zeigt eine Struktur der Entwicklung, das Gesetzmäßige. Dem gegenüber steht die Welt des Nichts; sie hat eine sehr starke Verbindung zu dem, was wir als Sein empfinden.

Das Sein bedeutet ein Enthalten von allem. Im Sein ist eine Einheit, die hier nicht empfunden werden kann, weil bei uns Einheit nur *Einheit werden* kann. Wir können uns Einheit wünschen und ersehnen, wir erleben aber immer nur einen Teil. Wir erleben nur das Zerbrochene, das Ganze können wir nicht erleben. Dennoch hat der Mensch seine Wurzeln im Nichts; er entsteht nicht im Werden.

Von da her ist z. B. eine Evolutionstheorie unmöglich, nämlich einseitig. Evolution gibt es schon, als Werden. Aber der Ursprung ist nicht im Werden, denn das Werden kennt weder Anfang noch Ende. Daher wird im alten Wissen das Wort »Bereschith« nicht mit dem Begriff Anfang wiedergegeben.

Wenn wir »im Anfang« hören, fragt unsere Logik gleich: Was war vor dem Anfang, wie fängt es an? Unserer Logik ist es unmöglich, einen Anfang zu ertragen: Wenn Gott den Anfang gemacht hat, wer hat dann Gott gemacht? Wir können eben nicht anders als in der Reihenfolge von Ursache und Wirkung denken. Dennoch ist im Menschen beides da: das Sein, die Nacht, und das Werden, der Tag. Die Finsternis ist nicht das Böse, sondern ist, wie wir sagen könnten, böse dem Werden gegenüber. Das Sein entwurzelt gewissermaßen das Werden.

Der Baum steht nicht nur über der Erde, sondern hat auch ein Geheimnis unter der Erde. Das Leben ist nicht nur in der erscheinenden Gegenwart, sondern auch in der entschwundenen Vergangenheit und in der noch kommenden Zukunft. Wir wissen das nicht, denn dort ist für uns etwas, das dem Nichts sehr nahe verwandt ist.

Im Menschen sind Nacht und Tag wie Sein und Werden. Den Traum in der Nacht können wir nicht gleich ins Werden übersetzen. Wir müssen erst die Brücke kennenlernen, die zwischen den Bildern im Sein und deren Ausdruck im Werden vermittelt. Im Sein kann es als Chaos, als Tohuwabohu, als völliges Durcheinander erscheinen; dennoch aber ist es Fundament von allem. Daher nennen wir die Finsternis böse, denn sie ist der Gegensatz von dem, was wir als Erscheinen kennen.

Gott selbst erschafft das Böse, wir aber ertragen es nicht. Es ist notwendig, damit gewisse Funktionen im Leben überhaupt erscheinen können. Das Böse ist da, damit Barmherzigkeit sein kann. Die Barmherzigkeit als Erfüllen dessen, wo noch nichts ist, ist eine Freude. Es ist die Freude, daß es im Erfüllen *wird*. Solange es noch nicht ist, fühlst du dich nicht gut. Du freust dich aber, wenn es bei dir wächst. Du freust dich, daß es dir geschenkt wird, und der andere freut sich, indem er schenkt und sieht, daß es bei dir wächst.

Man kann nur von Heilung sprechen, weil das Zerbrochene, das Unvollkommene ist. Das Erlebnis des Geheiltwerdens, des Heiles überhaupt, besteht nur, weil ihm gegenüber das Unglück ist. Man könnte sagen, gerade, wenn die Finsternis am tiefsten ist, ist das Licht schon stark da. Beide Äußersten sind wie vor dem Spiegel: Ist das eine weit vom Spiegel weg, ist das andere im Spiegelbild auch weit weg; kommt es näher, kommt das andere näher.

Wir träumen nur, weil bei uns das Nichts auch da ist. Das Deuten des Traums wirft die Frage auf: Kann man überhaupt Bilder aus dem Raum und Zeit nicht unterworfenen Nichts übertragen? Sind wir nicht Sklaven der Zeit und des Gesetzes? Es wird daher auch gesagt: Wenn du erlöst werden willst, muß du dich vom Gesetz lösen, frei sein. Welche Freiheit ist gemeint? Sicher nicht jene Scheinfreiheit, in deren Namen man heute das »Tu, was du willst« propagiert.

Es ist ein Gesetz da, das in der Welt des Werdens Ausdruck dessen ist, was in der Welt des Seins Freiheit heißt. Freiheit im Sein ist eine Entsprechung vom Gesetz im Werden. Im Werden herrscht immer Gesetz, im Werden gibt es nichts anderes.

Das Herz befolgt Gesetze, die Schwerkraft ist ein Gesetz, die Biologie baut auf Gesetze — dennoch spürt man: Das ist nicht alles. In der Vorstellung, in der Phantasie z. B. kann man im Himmel spazierengehen und hat mit der Schwerkraft nichts zu tun. Die Freiheit ist also beim Menschen ganz stark in seinen Gefühlen da.

Die Sprache zeigt das Gesetz in ihrer Grammatik. Selbst in den Zeichen der Buchstaben mit ihren exakten Zahlenverhältnissen drückt sich das streng Gesetzmäßige aus (vgl. F. Weinreb »Zahl, Zeichen, Wort«, Hamburg 1978). Dennoch kann das Wort befreien. Das Wort überläßt sich dir zur Freiheit nach allen Seiten hin; man kann mit dem Wort dichten oder schimpfen, Verbindungen herstellen oder trennen.

Ich hoffe, Sie verstehen jetzt, daß auf keinen Fall die Logik zwischen den Bildern aus der Welt des Seins und dem Leben im Werden vermitteln kann. Die alten Kommentare deuten z. B. das Träumen von Finsternis als gut und das Träumen von Licht als weniger gut. Wen du z. B. von einem Löwen träumst, dann wird gefragt: Was bedeutet ein Löwe in der Welt des Seins? Wer und wo bist du auf dem Weg, daß dir der Löwe erscheint? Wo ist in dir die Region des Nichts, in der du dem Löwen begegnest?

Im Schlaf, sagten wir, kommt es dem Menschen. In unserem Leben geschieht sehr viel in der Weise, daß es uns kommt. Wir spüren, daß wir dafür nichts können. Was uns zukommt, können wir nicht zwingen. Die Handschrift, dein Aussehen, dein Gang, deine Ticks — es tut sich so bei dir, du kannst nichts dafür.

Die Anwesenheit der anderen Welt im Menschen wird im Bild des Tempels gesehen. Der Tempel, heißt es, baut sich. Im Verborgenen fügt's sich zusammen, was das Leben herbeibringt. Statt »baut sich« sollte man besser »träumt sich« sagen.

Dem Menschen gefällt es gar nicht, daß es sich tut, ja, er hat, besonders in der heutigen Zeit, eine richtige Aversion dagegen. Er möchte viel lieber selber tun, sucht für alles logische Erklärungen. Er will die Welt des Seins in die Welt des Werdens hineinzwingen. Das bringt so viel Zwang, das Leistungsprinzip und den Leistungszwang.

Das bringt es auch mit sich, daß man immer gleich korrigieren, gleich erziehen möchte. Jede Erklärung soll auch einen Nutzen haben. So wird man weitgehend unfähig, sein zu lassen. Es liegt heute, um ein anderes Bild zu gebrauchen, ein starker Druck auf dem rechten Bein beim Gehen; wir hinken.

Ich frage mich: Kann man erziehen dort, wo es *ist*? Ist im Bereich des Nichts, des Seins, ein Korrigieren, ein Ändern möglich? Ich glaube, in dieser Region des Menschen ist Erziehen falsch, ja böse. In der Welt des Werdens dagegen ist Erziehung notwendig, muß Bildung, ein Korrigieren und Ändern sein. Wie können sich die Menschen in diesen beiden Regionen begegnen?

Wenn wir mit unserem Erklärenwollen in die Welt des Seins eintreten, kann es geschehen, daß wir unsere Nacht, unsere Finsternis stören, daß wir sozusagen das Böse wecken. In der Nacht hat das Böse einen Sinn; denn der Mensch ist wie tot, wenn er ruht, ent-spannt. Vom Wecken kommt vielleicht Dämonisches, Unruhe, Ver-rücktes; die Suchtmittel- und pharmazeutische Industrie blüht, weil wir eingreifen, es nicht sich tun lassen, sondern selbst tun wollen.

Krimis werden wie Zigaretten konsumiert, hunderte und hunderte — man bleibt immer unbefriedigt dabei. Unsere Phantasie ist krank, ihr Held ein Detektiv, ein Jäger, der alles erklärt, alles selbst herausfinden will.

Eine alte Stadt, die nicht gebaut wurde, sondern sich gebaut hat — man fühlt sich wohl, es »stimmt«. Den Tempel, heißt es, kannst du nicht bauen; bringe das Material mit deinem Leben herbei, dann baut es sich.

Wie soll man Kinder erziehen, wie Studenten ausbilden? *Was* soll man ausbilden? Die Gefahr ist: Zwingt man in dem Gebiet, wo *es* sich tun soll, meldet *es* sich dort, wo wir ausbilden sollen: *es* möchte wieder Chaos haben, verlangt nach dem Nichts, nach dem Rausch, LSD, Trips, Alkohol.

Der Mensch sehnt sich nach dem Nichts, erträgt es nicht, daß alles erklärt wird.

Tag und Nacht vermischen sich im Menschen: Wo er Freiheit haben sollte, ist Zwang, und wo er sich ans Gesetz halten sollte, nimmt er sich Freiheit. Das Wort »sollen« gebrauche ich in diesem Zusammenhang nur hilfsweise. Während wir hier versuchen, den verschütteten Traum in unserem Leben freizulegen, spüren wir vielleicht, daß alles davon abhängt, ob wir das Gebiet in uns, wo es sich lebt, intakt halten oder nicht.

Heute ist die Unterscheidung zwischen Psychischem und Körperlichem im Menschen geläufig. Meinen wir, wenn wir von Psychischem reden, das Verborgene? Es gibt, wie Sie wissen, eine starke Neigung im Menschen, alles aus dem Psychischen erklären zu wollen, Komplexe, Verdrängungen usw. Man möchte im Psychischen auch systematisieren. Kann man das eigentlich? Kann man das alles so analysieren und darstellen wie den Bereich, in dem tatsächlich Gesetz und Ordnung herrschen? Ich denke an einen Vers im Deuteronomium: »Das Verborgene ist für Gott, das Offenbare ist für uns und unsere Nachkommen« (5. Mose 29, 29).

Hier wird gesagt, das Verborgene gehört jener Region an, in der du mit Gott verbunden sein könntest; von dir aus kannst du das Verborgene nicht untersuchen. Natürlich meint das nicht, daß alles Erforschen des Psychischen falsch ist, ebensowenig wie man Erziehung und Ausbildung ablehnen kann.

Nach der Überlieferung bildet sich der Mensch so aus, wie er schon ist, wie sein Keim ist. Mit »Keim« meint man nicht die Keimzelle im Samenkorn, sondern die Wurzel im Jenseits. Was hier wird, ist Ausdruck dessen, was dort schon da ist. — Wo aber bleibt dann das Gebiet der Erziehung und Ausbildung?

Im Wissen gibt es einen Bereich, den man die Kabbala nennt. Das Wort bedeutet »empfangen, übergeben«. Es heißt, man könne die Kabbala erst mit vierzig Jahren studieren. Wir wissen schon, daß wir diese vierzig Jahre nicht auf unsere Zeitvorstellung beziehen können. Die 40 ist doch Ausdruck des Weges durch die Zeit, 40 Jahre dauert der Zug durch die Wüste nach der Befreiung aus Ägypten. Wenn der Mensch die Zeit lebt, ist sein Weg Be-weg-ung.*

---

* Bewegung ist der Zusammenhang des fortwährenden Sich-änderns. 42 Stationen werden im 4. Buch Mose beim Zug durch die Wüste genannt, 42 Generationen sind es nach Matthäus bis zur Geburt Christi. Die 42 bezeichnet einen Weg mit Anfang und Ende.

Wir kennen auch die Zahl $3^{1}/_{2}$, z. B. die $3^{1}/_{2}$ Weltzeiten, die beim Propheten Daniel genannt werden. $3^{1}/_{2}$ Jahre sind 42 Monate. Monat bedeutet im Hebräischen Erneuerung. 42 Generationen, 42 Erneuerungen: ein Zyklus — das meint die 42.

Der Weg ist ein Zyklus, man kommt wieder an den Ausgangspunkt zurück. Der Auszug aus Ägypten wird in der Überlieferung sowohl identisch mit der Geburt als auch mit dem Tod gesehen.

Die Mitteilung der vierzig Jahre bedeutet: Solange du im Werden bist, kannst du die Kabbala nicht studieren. Demnach gibt es in diesem Bereich überhaupt kein Studieren, im Sein studiert es sich. Kabbala also kannst du nur erleben. Wenn dein Tun, dein Verhalten im Leben so ist, daß du das Paradox in Gut und Böse, Erscheinendem und Verborgenem, Verstehen und Mißverstehen erfährst, dann kommt dir auch das »Empfangen«, dann lernst du, wirst du »schwanger«.

Ich hoffe, Sie verstehen jetzt, daß es purer Unsinn ist, die Kabbala als Geheimwissenschaft oder mystische Zahlenspekulation zu bezeichnen. Kabbala ist ein ungeheures, nie endenwollendes Erlebnis; es ist die Verbindung zum Verborgenen. Lesen und Studieren wird erst dann schöpferisch, wenn diese Verbindung besteht.

Sowenig man das Gebiet der Kabbala systematisieren kann, sowenig kann man es im Psychischen. Kann man sagen: Das ist neurotisch, das ist schizophren usw.? Kann man von den Archetypen im Menschen sprechen? Gibt es im Psychischen, wo vielleicht das Verborgene ist, überhaupt die Möglichkeit der Ordnung? Gehört Ordnung nicht dem Werden an?

Der Ordnung im Werden entspricht doch die Freiheit im Sein. Im Sein ist Einheit. Aber wir haben gesehen, daß das Einssein irgendwie nicht komplett ist. Wenn ich glücklich bin, wird's bald langweilig, ich möchte glücklich *werden;* ich möchte geliebt werden von dem, der mich noch nicht liebt; ich möchte jemanden lieben, den ich noch nicht kenne. Nie kann ich bleiben, immer ist das Verlangen, die Sehnsucht nach Änderung. Ich spüre: die Seite des Werdens muß mit dabei sein. Immer möchte man das Neue von Anfang an erleben. Daher heißt es in der Überlieferung: Jeden Tag ist Schöpfung neu; erlebe sie neu, erlebe den Tag.

Das Sein ohne das Werden bedeutet: Vieles fehlt mir, und ich möchte gern erfahren, was mir fehlt. Es entsteht ein Verlangen danach, daß mir geschenkt *wird,* daß etwas ganz wird, was noch nicht komplett ist.

Das Licht des ersten Schöpfungstages wird verborgen — so die Überlieferung. Es bedeutet, daß dieses Licht in der Welt des Werdens, der Phasen und der Ordnung, nicht möglich ist. Es kann nur im Sein existieren. Im Verborgenen des Menschen, in seinem Sein, ist das Licht immer da; in seinem Werden aber ist es in unzählige Funken zersplittert.

Wenn das Gebiet des Psychischen zum Verborgenen des Menschen zählt, dann ist Erziehen und Ordnen dort unmöglich. Demnach kann der Mensch erst als Mensch »funktionieren«, wenn es sich dort tut. Er muß sich dort aus einem Zwang befreien, damit es sich tun kann.

Oft glaubt er: So bin ich nun einmal, und das

kann ich nur ändern, indem ich gewisse Medikamente nehme oder einer bestimmen Lehre folge. Dann versteht er nicht, daß er sich allererst befreien müßte. Wie aber kann er das? Sagt man ihm: ›Befreie dich!‹ wird's wieder ein Zwang, ein neuer Zwang. Es fragt sich also, was beim Menschen wirkt, wenn es sich tut.

Bei der Erziehung der Kinder, heißt es, soll man nie Zwang anwenden, nie ein Tun befehlen. Das bringe den Kindern die »schedim« (Dämonen), dadurch gerieten sie in Zwang. Du sollst ihnen vielmehr ein Beispiel sein. Wenn das Kind etwas sieht, möchte es das haben. Es möge also viel Freude und Freiheit sehen. Soll es z. B. das Alphabet lernen, »versüße« ihm das Lernen. Daher besteht auch heute noch der Brauch im Judentum, die einzelnen Buchstaben in der Form süßen Backwerks den Kindern einzuprägen.

Wenn du also einem Menschen begegnest, sollst du ihm das Gebiet des Seins unangetastet lassen, sollst ihn *sein lassen*. Du kannst ihn aber nur sein lassen, wenn bei dir das Seinlassen ist. Heidegger nennt es die »heitere Gelassenheit«, das freie entspannte Offensein.

Aus dieser Freiheit, aus der Welt des Seins, kommt die Mitteilung der Bibel. Nach der Überlieferung ist Moses, der sie niederschrieb, der bescheidenste der Menschen; er ist so bescheiden; daß ihm *alles* kommt.

Das Werden des Geschehens, der Geschichte, entspricht dem Sein im Absoluten. Die Geschichte der Bibel ist Ausdruck des Seins; daher gilt in ihr unsere Zeitreihenfolge nicht. Es gibt, wie es heißt, kein Vorher und kein Nachher in der Bibel; sie ist dem Zwang der Zeit nicht unterworfen. In der Geschichte der Bibel lebt das Paradox: Sie gibt sich als kontinuierliche Bildgeschichte, entzieht sich aber Zeit und Raum. Ähnlich verhält es sich mit der Grundlage der Materie: Die Elementarteilchen sind Materie und sind es gleichzeitig nicht; beides gilt.

Bilder, die aus der Freiheit kommen, lassen große Freiheit, je nach dem Menschen, der sie — auf welcher Station seines Weges? — erlebt. Es gibt hier keine generellen, rezeptartigen Deutungen, sondern immer die Frage: Wer bist du, dem das Pferd oder die Schlange z. B. begegnet, und wo bist du auf dem Wege? Hier wird dem Menschen keine Traumdeutung gegeben, die ihn im Psychischen ordnen will, indem sie erklärt und beschreibt, wer er ist.

Die alte Traumdeutung sagt: Das Bild, das dir aus der Freiheit des Schlafes kam, sei dir jetzt zur Freiheit im Tag; es bringe dir in die Ordnung des Tages, was in die Ordnung kommen sollte: die Freiheit.

Wir sagten doch, daß der Traum, an den man sich erinnert, eine Meldung ist in der Art, wie eine

Krankheit sich meldet und damit ausdrückt: Es ist etwas nicht im Gleichgewicht. Träume wirken am Tag entsprechend dem, was sie in der Nacht waren. Du erlebst am Tag, im Werden, was du in der Nacht, im Sein, erlebst. Beide Seiten sind wie die Schalen einer Waage, wie rechtes und linkes Bein beim Gehen. Will etwas aus einem Zwang erlöst werden, meldet's sich im Traum. Das ist kein Unglück; es ist gut, denn es meldet sich und sagt damit: Hier ist zwischen dem Verborgenen und dem Sichtbaren etwas nicht im Gleichgewicht.

Zum Trost, könnte man sagen, wird in diesem Zusammenhang hingewiesen auf ein Geschehen, bei dem der Mensch sein Gleichgewicht verliert und eigentlich fortwährend hinkt: Jakobs Kampf mit dem Engel. Jakob wird doch, wie es in der Genesis erzählt ist, an der Hüfte verletzt. Er ist der erste Mensch in der Bibel, von dem gesagt wird, er sei krank; das Wort »krank« kommt dort zum ersten Mal vor.

Ein Midrasch erzählt, daß Jakob Gott um Krankheit bittet; er möchte gern in seinem Leben den Hirten haben, der ihn führt. Die Herde, sagt man, das ist dein ganzes Leben, es ist ein Zusammensein des Ganzen, das gelenkt, geleitet werden will.

Die Bibel nennt Jakob auch einen Hirten, als er zu seinem künftigen Schwiegervater Laban kommt, und die Herde wächst unter Jakob. Als dann die

Söhne Jakobs zum Pharao kommen, sagen sie, daß sie Hirten seien wie ihre Väter.

Jakob also hinkt nicht, weil er etwas Falsches getan oder eine Sünde begangen hätte. Vielmehr hat er tapfer gekämpft, der Engel segnet ihn und gibt ihm den Namen Israel; dennoch läßt er ihn hinken. Wir verstehen das nicht, wie wir auch meist die Krankheit nicht verstehen. Wir finden sie lästig, suchen, sie mit einfachen oder komplizierten Namen zu objektivieren, also in Distanz zu ihr zu gehen, und sind zuweilen rasch bei der Hand, sie als eine Art Strafe für falsches Verhalten zu erklären.

Immer wollen wir erklären, *warum* einer krank ist. Könnten wir hier nicht *sein* lassen? Das schlösse selbstverständlich jede nur erdenkliche Hilfe ein, zudem würde die Hilfe nicht durch ständige Erklärungszwänge geschwächt. Daher wird gesagt: Wenn du einen Kranken besuchst, dann bringe ihm keine Erklärungen mit, sondern *sei* bei ihm in deiner Entspannung, in deiner Ruhe. Bringe ihm das Zwanglose, denn Krankheit ist schon genug Zwang.

Wir sehen, die Traumdeutung der Überlieferung kommt aus einer Welt, wo zur Bedingung gestellt wird: Versuche erst einmal zu *sein*. Lebe das Paradox, dann verstehst du auch das Kranksein, das Leid, das Böse. Nicht umsonst zeigt ein Bild des Neuen Testaments den Erlöser zwischen zwei Verbrechern. Wo wäre Gnade und Barmherzigkeit, wenn nicht das Böse wäre? Woraus soll erlöst werden, wenn nicht aus dem Zwang? Ich glaube, erst vom Sein her, vom Geöffnetsein her, von der Entspannung, der Freiheit her können wir das Gesetz, die Ordnung, das Werden verstehen.

Friedrich Weinreb: geboren 1910 in Lemberg.
Nach dem Studium der Nationalökonomie und
Statistik in Rotterdam und Wien war er von 1932
bis 1942 anfangs als Wissenschaftlicher Mitarbei-
ter am Niederländischen Ökonomischen Institut,
später als Forschungsleiter und Dozent in Rotterdam tätig. Während der Besetzung der Nieder-
lande durch die Nazis leistete er aktiven Widerstand, kam ins Lager, konnte fliehen und lebte im
Untergrund. Von 1952 bis 1964 u. a. Lehrtätig-
keit in Djakarta, Kalkutta und Ankara, wo er u. a.
auch als Rektor und Dekan der Universität am-
tierte. Tätigkeit als Experte am Internationalen
Arbeitsamt und bei den Vereinten Nationen in
Genf. Bis 1961 zahlreiche Publikationen auf dem
Gebiet der mathematischen Statistik und der Kon-
junkturforschung.

Die schon in frühen Studienjahren einsetzende
Beschäftigung mit den Quellen des alten jüdischen
Wissens, wozu aufgrund der chassidischen Her-

kunft eine starke persönliche Beziehung bestand, fand in dem 1963 in holländischer Sprache erschienenen Werk » De Bijbel als schepping« (stark gekürzte deutsche Fassung unter dem Titel »Der göttliche Bauplan der Welt. Der Sinn der Bibel nach der ältesten jüdischen Überlieferung«, Zürich 1965) ihre grundlegende Zusammenfassung. Seit 1964 widmete sich Friedrich Weinreb ausschließlich dem weiteren Studium der jüdischen Überlieferung und schriftstellerischer Tätigkeit. 1969/1970 veröffentlichte er das dreibändige Werk »Collaboratie en Verzet« (Kollaboration und Widerstand), das in Holland starkes Aufsehen erregte.

Seit 1973 lebt Friedrich Weinreb in Zürich und lehrt an der dortigen »Schweizer Akademie für Grundlagenstudien und Quellenforschung«.

Weitere Veröffentlichungen
Ik die verborgen ben, Den Haag 1967 (deutsch: Die Rolle Esther, Zürich 1968)
Die Symbolik der Bibelsprache, Zürich 1969
Das Buch Jonah, Zürich 1970
Hat der Mensch noch eine Zukunft?, Zürich 1971
Die jüdischen Wurzeln des Matthäus-Evangeliums, Zürich 1972
Begegnungen mit Engeln und Menschen. Mysterium des Tuns. Autobiographische Aufzeichnungen 1910—1936, Zürich 1974

Vom Sinn des Erkrankens, Zürich 1974

Leben im Diesseits und Jenseits. Ein uraltes vergessenes Menschenbild, Zürich 1974

Wie sie den Anfang träumten. Überlieferung vom Ursprung des Menschen, Bern 1976

Zahl, Zeichen, Wort. Das symbolische Universum der Bibelsprache. (Rowohlts deutsche Enzyklopädie, Band 383). Hamburg 1978

Wunder der Zeichen — Wunder der Sprache, Bern 1979

Buchstaben des Lebens, Freiburg i. Br. 1979

BÜCHER FÜR DEN WEG

David Steindl-Rast

Fülle und Nichts

Die Wiedergeburt christlicher Mystik

Goldmann

12001

Hubertus Mynarek

Ökologische Religion

Ein neues Verständnis der Natur

Goldmann

12005

Robert Muller

Planet der Hoffnung

Wege zur Weltgemeinschaft

Goldmann

12006

Leopold Kohr

Die über-entwickelten Nationen

Rückbesinnung auf die Region

Goldmann

12007

GOLDMANN

BÜCHER FÜR DEN WEG

Alexander Buschenreiter

Unser Ende ist Euer Untergang

Die Botschaft der Hopi und anderer US-Indianer an die Welt

Goldmann

12009

Michael von Brück (Hrsg.)

Dialog der Religionen

Bewußtseinswandel der Menschheit

Goldmann

12010

Vine Deloria

Nur Stämme werden überleben

Indianische Vorschläge für eine Radikalkur des wildgewordenen Westens

Goldmann

12012

Yann Daniel

Die Heiligen vom Ende der Welt

Bretonische Mythen

Goldmann

12013

GOLDMANN

GOLDMANN VERLAG

Thorwald Dethlefsen

Schicksal als Chance
Das Buch gibt Auskunft über alle
grundsätzlichen Fragen der
Astrologie, der Homöopathie
und der Reinkarnation. Durch
die Konfrontation mit diesem
Urwissen erhält jeder Mensch die
Chance, sein Schicksal zu verstehen und es zu nutzen.
11723

Das Leben nach dem Leben
Thorwald Dethlefsen ist es ge-
lungen, Menschen in Hypnose in
frühere Leben zurückzuführen
Und sie aus diesen Leben erzählen zu lassen.
11748

Das Erlebnis der Wiedergeburt
"Die Lehre der Wiedergeburt ist
ein Wendepunkt in der Geschichte der Menschheit." (Nietzsche)
11749